Red, Green, and Sometimes Beige

The Ins and Outs of a Healthy Relationship

# 學會有力量的愛，才抓得住幸福

從懂得篩選，
到實踐五種愛的語言，
建立穩定健康的親密關係

Kasturi Mahanta
卡斯圖里・馬漢塔 ＝著　王冠中 ＝譯

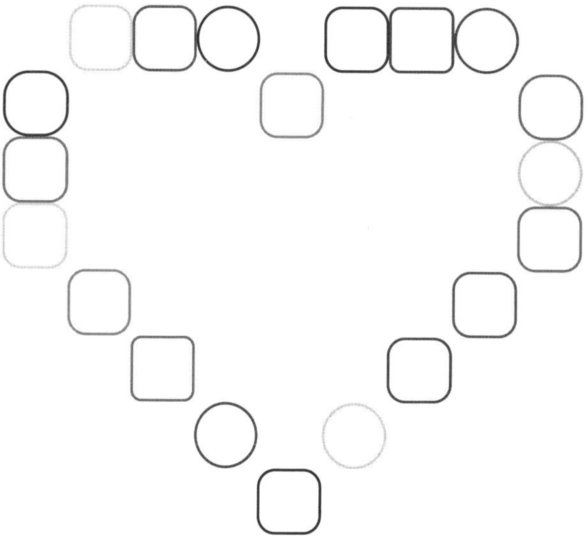

獻給莉莉，是你引領我了解到書本的力量，
同時也在無意間教我認識到安全關係的美好。
謝謝你。

# 目錄

【自序】維持健康且令人滿足的關係 9
第1章 大哉問：來電重要抑或合得來重要？ 17
第2章 討好型人格：了解關係中的調適機制 49
第3章 紅旗、綠旗、米色旗：無所不在的訊號！ 81
第4章 創傷綁定的成因與症狀 103
第5章 愛的語言：感覺被看見、被聽見與被愛 125

第6章 第三者：關係中的三角習題 155
第7章 我不夠好：完美主義的殺傷力 179
第8章 焦慮迴避型人格：為何異性相吸又相斥？ 203
第9章 關係中的憤怒、壓抑與調節 233
第10章 心理負荷：那些看不見的辛勞 261
額外資源 284

# 愛與被愛練習索引


愛與被愛練習1 辨識你的需求 28
愛與被愛練習2 給你的需求排優先順序 29
愛與被愛練習3 關係信念測驗 43
愛與被愛練習4 辨識你自然的壓力反應 73
愛與被愛練習5 對你的關係連結做自我評估 99
愛與被愛練習6 關係安全評估 120
愛與被愛練習7 整理你的愛的語言 149

愛與被愛練習⑧ 測試你對關係存款與提款的理解 256
愛與被愛練習⑨ 評量心理負荷 269
愛與被愛練習⑩ 你是否在增加自己的心理負荷？ 274
愛與被愛練習⑪ 製作你自己的控制圈 291

# 作者的話

哈囉！我想讓你們知道，儘管這本書是取材自多年來我協助過的多位很棒的人們，但所有的角色和情境都是虛構的。這些並不是我客戶的故事——保護隱私對我來說是極爲重要的事情。若書中的內容和眞實的人們與事件有任何相似之處，那純屬巧合。此外，也希望你們能了解到，儘管本書可以作爲自我探索的工具，但並不能取代即時的諮商治療，也不能用來取代針對個人的診斷與治療。

# 【自序】維持健康且令人滿足的關係

愛、浪漫與情感——不論是誰說出了這些詞彙，必先擄獲他們的心。

這是我在成長過程中對於關係的概念。理所當然地，沙・魯克・罕（Shah Rukh Khan）在人間蒸發數日後又回到卡約兒（Kajol）的身邊，繼續在開滿金黃色花朵的田野中談起戀愛，這成了我對關係憧憬的縮影。很自然地，這樣的憧憬也就成了我對浪漫的認知。我曾在最早的幾段關係中，試圖要重現這樣的場景，結果卻發現，那些關係全都以失敗告終，我要不是心碎不已，就是被描繪成壞女人。這並不是我所想像的愛，更不是電影中展示的愛情。我究竟是做錯了什麼？

這個問題拯救了我，只不過，這問題來得有點晚。但就像那句話說的，亡羊補牢，猶未晚矣，對吧？

別誤會了，我可是死忠的浪漫派。我相信伴隨浪漫戀情的各種美好事物——玫瑰、咖啡約會、宛如繁星的燈飾，以及背景波濤洶湧的海浪。我甚至想身穿黃色紗麗，在瑞士跳一小段騷莎。這就是所謂的浪漫，是的，確實如此。但身爲一位印度女孩，生長在九〇年代的阿薩姆，上學讀的是女校，還有個哥哥扮演著和父母一同管教我的角色，我最感興趣的事情，也就是被禁止不能觸碰的事情：愛情與男孩子。

這兩件事都是禁忌。當時並沒有約會的概念。就算只是提到男孩子或是關係或是愛情，全都是無法想像的事情。做爲一個充滿好奇的青少年，在二〇〇〇年代初期，我唯一的資訊來源是電視和廣播電台，而有許多事情（非常關鍵的事情）都是需要靠想像的。電影中任何有一點點和親密沾上邊的情節，都會被電影認證委員會或被我父母給禁播。《女性年代》（*Women's Era*）、《讀者文摘》（*Reader's Digest*）和《電報》（*The Telegraph*）等雜誌的人生相談專欄部分，是我們唯一能夠獲得更多關於愛情與關係資訊的地方。

缺乏開放的對話，而且對於開誠布公的交談、愛情與關係實際上需要投入的努力，也都沒有足夠的描繪，使得我只發展出一些不成熟的概念，對於理想浪漫情感的模樣或者婚姻眞正的意義有著不完整的認知。但我卻認爲自己懂很多。我還以爲自己已經有了充足的準備。

然而，詩人賈加爾・莫拉達迪（Jigar Moradabadi）說得好：要知道，愛並不容易，愛是一條燃燒的河流，而你必須沉溺其中。

呃，看來他也需要一位關係專家來爲他解答迷惑。

年輕的我看著自己身陷一段美麗關係的痛苦中，儘管這段關係帶來了愛情與浪漫的美好——巧克力、心血來潮的約會、雨中浪漫駕車——但是也帶來了激烈的爭吵、相互指責、以淚洗面的夜晚以及無盡的困惑，想不通爲何關係並不如我想像般美好。我是不是並不適合談感情？他是不是適合我的人？這段關係是否眞的讓我感到開心？爲什麼會有這麼多的爭吵、這麼多的淚水，還有這麼多的心碎？

隨著我帶著對愛與浪漫感情的有限認知和僵化信念繼續前進，一路上在數段關係中來來去去——數段失敗的關係——突然有一天，我停止了。我必須要理清這一切。我必須要了解，爲什麼我在人生其他領域中都如此出色，但卻在關係中一敗塗地。我心中的白馬王子會不會只是個迷思？我是不是對錯誤的人有著不切實際的期待？會不會我才是那個有毒的人？會不會他們都是自戀狂？我怎麼會愛上那樣糟蹋我的人？我怎麼會讓這樣的事情發生在我身上？

不斷撞牆的結果，使得我從對關係充滿浪漫憧憬轉變成對感情避之唯恐不及。在多次心碎之後，我無法想像讓自己再次陷入心碎的境地。我從一個準備在愛裡燃燒自己的勇者，變成了一個疲憊不堪的過客，只想要不被打擾。

心碎贏了，我輸了。

不過，正是某一次特別糟糕的心碎過程，使得我身心俱疲，迫使我去質疑一切，質疑自己對伴侶的選擇，質疑自己在這些關係中呈現出來的模樣。我對於投入一段關係的認知是什麼？承諾眞正的意義爲何？在關係中成長是什麼模樣？眞的有可能在關係中成長嗎？這是非常、非常久以來，我第一次開始有意識地去覺察愛眞正的影響以及關係眞正的意義。

我的旅程就此展開。我全然投入去了解關係，我認知到，要避免我犯過的許多錯誤是有可能做得到的。我先前的經歷，不過就是一連串盲目的決定所造成的結果。我所做的選擇，我渴望愛卻似乎從沒能得到愛，我沒法傳達自己的需求和想望，我在浪漫關係中總是感到不滿足，這一切都是有原因的。我也意識到，在我的成長過程中，並沒有人能夠教導我所有這些事情。對於情感關係，我們並沒有任何相關的專業術語或精確說明，我們純粹以爲那就是自然而然發生的事情。

但是，事實並非如此，健康的關係是建立在一連串有意識的決定上。關係並不是隨意湊合就成的。

我後來返回了校園，取得了心理學碩士學位，接著又專攻婚姻與家庭諮商治療。我努力學習，深入研究，積極地爲我頭腦中數以百計的問題尋找解答。

一步一步慢慢地，我開始了解到，我們在當前浪漫關係中所做的決定，有很大一部分和我們在孩童時期的經歷有關，我也認識到各種不同的依附形式，體悟到我們和伴侶可能經常都是在雞同鴨講。

我的情感關係歷程既漫長又混亂，但你不需要和我一樣。我想要你對於關係及其複雜性有個基本的理解。事實上，關係是我們人生中非常重要的一個支柱，而且也會影響到我們人生的其他領域。沒有人是獨自生活在這世界上的，我們需要關係，因此我們也要了解這種對關係的需求，好讓我們能夠做出更好的選擇，建立更健康、更有意識的關係。

在我開始爲人們做諮商治療之後，我發現，客戶們都是太晚才來尋求我的協助，可能他們已經在進行離婚程序了，或者是他們已經身處在有毒、暴力的關係中太久了。我因此體悟到，即使到現在，關於愛與關係的教育仍舊是完全欠缺的。人們要從何學習呢？他們要如何了解有毒、不健康的關係與健康關係之間的差異呢？儘管時代在進步，我們獲取資訊的管道已從我那年代的電視與廣播，進展到網路世代，但人們現在獲取重要資訊的地方卻是紅迪（Reddit，編按：網路社群平台）、問答（Quora，編按：線上問答網站）和時尚（Cosmo）。

我決定要散播這方面的知識，好讓人們能夠了解並建立健康的關係，而不是感覺被關係澈底擊潰。於是，我創建了我的 Instagram 頁面：@heymisstherapist。

我在頁面上討論關係、溝通技巧、依附形式等主題，也獲得人們的回應，從中可以看到關係相關的正規教育缺口有多麼顯著。

過去幾年來，我凝聚了一群眞正想要在人生與關係中更有意識的人們，不論是在溝通、需求與想望，以及展現最眞實的自我方面都更有意識。這些都是能讓我在成長過程中大大受益的能力，而我也很高興自己能夠填補上這個缺口。

我每天都在爲來自全球各地的個人與伴侶做諮商——有些人試著要讓他們的關係行得通，還有些人則想尋求如何進行艱難的對話，並且學習如何更好地呈現自己。有些年輕人會在剛開始約會時來找我，有些則是準備在關係中進入下一步時來找我，想要知道如何磨合。還有些人想要在愛情中找到容身之處、找到自身的認同。我很高興能告訴大家，這本書包含了適合每個人不同情境的內容。我喜愛的助人方式，是教導他們一些工具和技巧，讓他們能夠自行處理他們所面臨的這些問題，我也會和他們分享我的觀點和方法，好讓他們能夠帶著韌性和希望來對抗那些難關，讓他們有力量做出符合他們長期願景的決定。

希望你會喜歡這本書。我相信這是一本每個人都必備的書籍，內容有著關於關係的必要知識。很多時候，我們都被預期要滋養和維護健康的關係，就像園丁被預期要照顧和協助花朵盛開，但我們卻缺乏適當的工具來做這件事。而這本書的目的就是要填補這缺口。

我和許多人協作，維持書中內容淺白易懂，且能讓人有同感，同時也確保重要的專有名詞都有清晰解說。我的目標是要讓你具備必要的用語和理解，能夠在任何關係中清楚有效地表達自身的想法、需求和觀點。不論你是要和自己溝通、和伴侶溝通，或者和諮商師溝通，本書都能提供你有效的工具。

關係是很複雜的，但擁有正確的知識可以帶來大大的不同。本書提供了深刻的洞察以及務實的建議，能夠為你賦予力量，讓你能帶著信心去探索自身關係的錯綜複雜。讀到書的尾聲，你會感覺自己有更充足的準備來培養以及維持健康且令人滿足的關係。

謝謝你願意讓這本書成為你人生歷程中的一部分。

# 1

# 大哉問

## 來電重要抑或合得來重要？

「我今天要和他分手。」她一邊這麼想著，一邊塗著她在化妝檯裡能找到的最鮮紅的口紅。

「不過，要是他能改變呢？」她的右耳中有個小小的聲音輕聲說道。她大紅色的嘴唇看似果敢，但她內在的決心卻並不一致。

「米夏（Misha），都已經他媽的十四個月了，他一直都沒改變，不是嗎？」她的左耳有個更嚴厲的聲音說道。這時，她的電話響起，蓋過了這些內在的聲音。

「準備好迎接這個大日子了嗎？」安努莎（Anusha）說。安努莎和米夏已經認識十年，一路上見證了米夏感情生活的起起伏伏。

「對，對！」米夏大聲說道，假裝著慌亂的模樣，「我早就準備好了。羅希特（Rohit）今天要倒大楣了。」

「很好，你結束後就過來我家吧。要不要叫姊姊煮個什麼？」

米夏回拒了。「我過去再來叫外送吧？好的，拜。」

「一切順利！」安努莎嘲諷地說了一句，才掛斷電話。

米夏看著手機螢幕，桌布是她幾個月前和羅希特去峇里旅遊時的合影。那是很棒的旅行，他們一起的旅行都很棒。他在旅途中都是那個最照顧人、最體貼、最保護她的人。那性愛方面呢？喔嗚，性愛也非常棒！

但在他們旅遊歸來之後？他就會人間蒸發好幾天，總是會有工作上的事情，或是家裡的事情，需要他全神貫注地投入處理。但不知怎麼的，他也一定有時間能分給他的朋友——去酒吧聚會，或者出席深夜派對。而她當然是透過 Instagram 才知道這些事。在找他對質後，她就再也看不到貼文了。或許她被封鎖了？又或許他真的很忙？

羅希特說他想要結婚，但他只有在喝得酩酊大醉時才會這麼說。米夏愛著那部分的他——那個非常開放、脆弱、情感豐沛的他。那是她真正愛上的羅希特。但除了那些偶爾才出現的罕見情境之外，他並不多話，很壓抑情緒，而且很少談及未來與承諾，更別說會提到結婚了。羅希特很忙碌，她理解這點，她自己也是很忙碌。辛勞的工作以及有著雄心壯志的事業，占據了他們大部分的時間，但她每天都會惦記著羅希特，事實上是，時時刻刻都惦記著他。但羅希特則不是這樣看待這段感情的。他並不常打電話，偶爾才會傳個訊息。他說他需要自己的空間，而且時時刻刻都非常投入在工作中。米夏很理解，也試著給予他所需的空間。她並不黏人，不是那種一直要講電話、一直要傳訊息的女朋友。抑或者，她就是這樣的女朋友？

她已經完全無法確定了。這點讓她非常困擾。她的生活不能只是週末到美麗小島上充滿性愛、沙灘和酒精的旅行。是的，那聽起來很棒，實際感受更棒，但她已經三十二歲了，在尋找著結婚的對象，而且想要生幾個可愛的小孩。或者，至少要養一隻狗？起初這些似乎也是羅希特想要的。十四個月說短不短。認識一個人一年又兩個月的時間。愛著一個人，等待著他做出同等的回報。她知道……

計程車司機在門口大聲按著喇叭，打斷了她的思緒。她就快要到達約定的地點。這是羅希特挑選的地方（當然啦）。她並沒有特別喜歡吃港式點心，但總不能在約會時吃印度咖哩，對吧？

她並不需要等待候位。他已經入座，而且已經點好飲料和開胃菜。「他到這裡多久了？爲什麼不打電話給我？」但她沒有說出口，只是隨口說了聲「嗨」，而他則是起身給了她一個擁抱。就這樣。他胸膛的溫暖、他的古龍水、他放在她背上的雙手……

「你怎麼不早點告訴我說你不過來了？我還特別做了雞肉料理耶（生氣的表情符號）」

* * *

安努莎的訊息把她拉回了現實中。

羅希特剛離開她家，他不能留下來過夜，他有自己的理由——他很忙，而且他有個大家族，只要他不在家，大家都會質問他。這件事是可以理解的。「我很喜歡他和家人住在一起這件事。」她微笑著滑手機查看科契（Kochi）的漂亮民宿。羅希特說他想去喀拉拉（Kerala）度假；他的朋友要在那裡結婚，她可以陪他一同參加婚禮。她抱著枕頭，夢幻地盯著一些漂亮的民宿看。

她的分手計畫已經被掃到腦中一個陰暗的角落，和其他未被處置的過往議題在一起，躺在黑暗之中，就像是被無限期塞到儲藏室裡的檯燈。這檯燈太珍貴不該被丟棄，但近期內也沒有用到的機會。而這檯燈也有可能永遠不會被用到，它的命運完全被時間給主宰。

或許你也認識像米夏這樣的人，或許你就是像米夏這樣的人，或者你曾經是像米夏這樣的人。而你會問，這有什麼問題嗎？

**米夏讓自己一步步走進令人困惑的戀情中**。這已然是一段不健康的關係，而且可能很快就會變成有害的關係。怎麼說呢？

咱們來了解一下潛在的不健康關係看起來是什麼樣子：一段關係中的兩個人無法自在地溝通、對脆弱或親密感到恐懼、覺得受到控制或受到壓抑、缺乏開誠布公，結果導致怨懟或權力

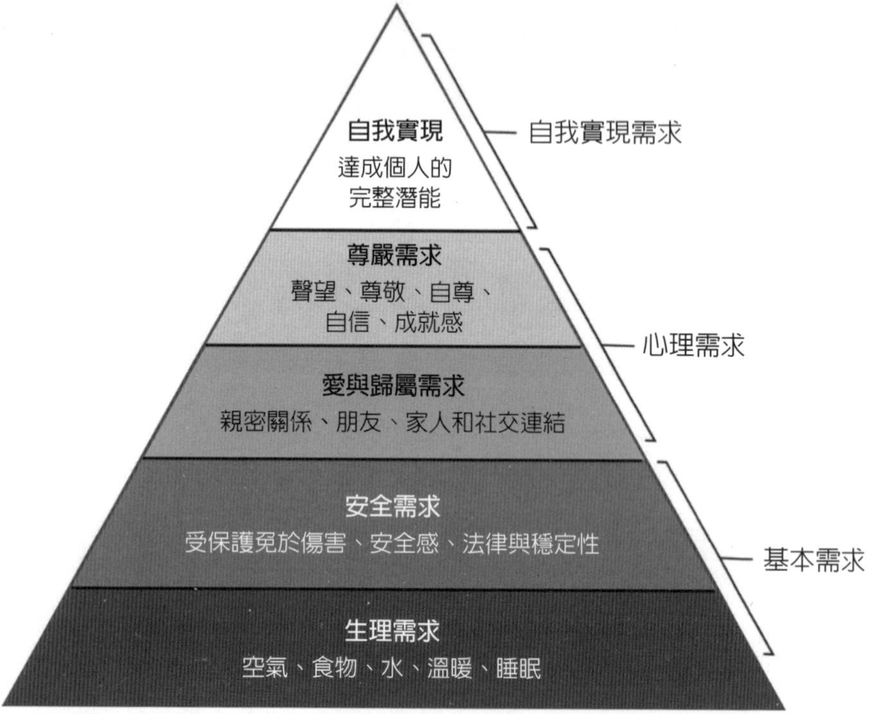
自我實現
達成個人的
完整潛能
自我實現需求
尊嚴需求
聲望、尊敬、自尊、
自信、成就感
心理需求
愛與歸屬需求
親密關係、朋友、家人和社交連結
安全需求
受保護免於傷害、安全感、法律與穩定性
基本需求
生理需求
空氣、食物、水、溫暖、睡眠

**馬斯洛需求層次理論**

不對等的情況。

要是我說，我們有很多人都會投入已經有可能變得不健康的關係中，你相信嗎？

你如果想要避免這情況，我需要你了解一件很重要的事情——需求的概念。當你知道你沒有得到自己想要的東西，但你還是待在一段關係連結中，只因爲認爲這段關係還有可能讓你得到想要的，而且也希望終有一天關係的情況會有所改變——但你並沒有任何有效的佐證或事實——那麼，這段關係注定就是會帶來許多的痛苦和失望。

有個最大的問題就是，我們之中有許多人都不是很清楚自己在浪漫關係中的需求。我們並不會把自身對連結、親密、獨占性、對他人的信任等務實需求擺在第一位，反而是傾向反覆強調「來電」的化學作用。

需求一直以來都是存在的，但馬斯洛（A. H. Maslow）的「人類動機理論」（〔A Theory of Human Motivation〕，發表於《心理學評論期刊》〔*Psychological Review*, 1943〕）把需求的概念放到大眾的視野中。馬斯洛把人類的需求分成五個基本的類別：生理需求、安全需求、愛與歸屬感、尊嚴和自我實現。

這分類非常精確。

從一段關係的角度來看，關係中的需求看起來可能像是這個樣子：

一、感覺受到支持
二、有安全的空間，能夠展現脆弱並且感到安全
三、負責
四、一致性
五、誠實
六、親密
七、成長
八、認可
九、支持
十、感覺到自己的眞實本質和自己眞實的樣貌，是被愛、被接納以及被需要的

每個人的需求看起來不盡相同，每個人重視的東西也不太一樣。你可能更重視身體上的親密而非財務上的支持，那是完全沒問題的。但對某些人而言，追求成長與認同可能會擺在第一位。

需求並沒有對或錯。需求就只是需求。當我們的需求被實現了，我們會感到快樂、滿意、

充足和充滿希望。當我們的需求被抑制、被忽略、被輕視、不被認同、沒被滿足，我們可能就會感到苦澀、悲傷、怨懟以及困惑。

米夏很困惑，而且深陷受苦的循環中，只因為她不確定自己的需求。有意思的是，否定我們的需求有可能是從我們自己開始的。在大多數的情況中，我們都是第一個輕視和屏棄我們自身需求的人。我們可能會覺得自己並不值得讓自己的需求能被滿足，而且我們內心的某處也堅信這些需求無法被滿足，或者我們的需求並不如他人的需求來得重要。

米夏很顯然最想要的就是承諾、穩定，以及能與羅希特在一起的未來——那意謂著她的部分核心需求，大致上可以解讀為想要一段認眞的關係、婚姻或對未來的承諾、能夠口頭表達的情感，以及肢體上的親密。但當她和羅希特在一起時，她被當下的一切給沖昏了頭——很來電的身體吸引力，以及聽起來如音樂般悅耳無比的甜言蜜語——因此她也就把自己的核心需求遠遠拋在了腦後。在這過程中，她可能也傳遞了一些混雜的訊號，讓羅希特誤以為她的需求實際上是有被滿足的，或者誤以為她有得到了她在尋找的東西。這是一條肯定會通往不健康戀情的道路。

辨識需求是很重要的，因為這麼做會決定你人生的模樣——不只是影響到關係，也會影響到你的事業、家庭、財務、友誼和其他關係連結。

有個很好的指標可以讓我們知道我們對自己的需求並不確定，那指標就是，我們讓另一個人坐上駕駛座，操控著我們人生的方向盤。我們埋怨著沒能去到我們想去的地方，但卻從來沒去評估，操控方向盤的那個人是否有能力、是否眞的有足夠的資格能達到我們的目標，或者甚至是否有意願要帶我們達到目標。相反地，我們毫無頭緒，不知道他們爲什麼要繞路，爲什麼要走那些不必要的遠路，而就在我們困惑的同時，我們也開始享受起那些意外的旅程。新奇感是很棒的，會讓我們欲罷不能。我們也會害怕說，如果我們抱怨的話，我們可能會被踢出車外。與其失去所有的樂趣，我們寧願留在車上，參與一趟旅程——任何旅程。於是就展開了無止盡的困惑與興奮循環。過一陣子後，我們也不了解爲什麼自己會感到不滿足。

有時候，我們會去否定自己的需求，是因爲我們並沒有足夠的清晰感，結果就是我們會被眼前的任何東西給牽著走。想像一下，你想要搭乘一班直飛的班機去義大利，該班機飛行時間要五小時。但當你上網去訂機票時，你發現了另外十個選項，這些選項很明顯有更便宜的價格，或是更好的航空公司、更方便許多的班機時間。

你會如何選擇呢？

- 選項一：在整體飛行時間與航空公司體驗上妥協——較低的價格
- 選項二：較方便的班機時間、較短的飛行時間和更棒的飛航體驗——會讓你的口袋破洞如果你根本不是很確定自己的實際需求，你大概就會選擇選項一，因爲這選項可以讓你省錢，在當下看起來是很划算的。你想說省下來的錢可以拿來在義大利吃更多的帕尼尼和義式冰淇淋，但那只是你的自以爲。

儘管你有足夠的資金選擇直飛班機，但卻選擇忽視你對於直飛班機的需求，也就暗示了另一件事——你會經歷不必要的長時間旅程，途中會有許多次的安檢過程和轉機等候。

這和我們人生中的浪漫關係經歷是非常相似的。我們和某人相遇，我們對於自己的實際需求以及擇偶條件沒有多少清晰感或信心，就會被我們所遇到的一切給淹沒，因而傾向於孤注一擲，祈禱和期望著那對我們會是正確的選擇。但接下來會發生什麼呢？

我們的切入點不同，我們說著不同的語言，似乎無法了解彼此，或者無法接受彼此的價值觀和信念。一旦最初的那種小鹿亂撞的感覺消退後，我們就會越來越清楚彼此要的是不同的東西。然後，我們要嘛就是選擇維持這段關係——充滿說不出的期望與日益加深的怨懟——或者，我們就離開，期待著下次會遇到更好的人，結果卻只是再次做出類似的選擇。又或者，我們可以選擇致力於辨識我們的需求，並且表達出來，確定我們想要什麼，也確定承認這些需求會對關係有益。

## 辨識你的需求

**我不喜歡……相反地……**

設想一下，在關係中，什麼事情會惹惱你，讓你不開心。你可以把你先前的關係納入考量，也可檢視你曾經近距離見證過的關係或者曾經深入其中的關係。然後寫出十個以「**我不喜歡……**」或「**我不喜歡我的伴侶……**」開頭的情境。當你寫出這十個句子，接著在這些句子後面加上：「相反地，他們……」並且完成這個句子。

**範例**：我不喜歡他們打斷我說話。相反地，他們可以有耐心一些，聽我說完，不要打斷我。

在這例子中，你的需求可以被解讀為重視耐心、同理心和同情心。盡可能誠實地做這練習，不要帶任何批判或預設立場。

## 給你的需求排優先順序

從下面的列表中選出你認為對你最重要的需求，最多選出十個需求，我知道你可能想要全部都挑選，但要記得優先順序，否則就只會增添過多選項。

- 愛
- 信任
- 溝通
- 親密
- 支持
- 連結
- 尊重
- 理解
- 情感
- 安全感

- 自主性
- 同理心
- 欣賞
- 認同
- 時間
- 相同的價值觀
- 歸屬感
- 慰藉
- 鼓勵
- 實現滿足
- 開誠布公
- 陪伴
- 耐心
- 誠實
- 忠誠

- 情感安全
- 夥伴關係
- 玩與
- 優質相處時間
- 獨立性
- 共同的目標
- 肢體接觸
- 肯定
- 接納
- 滋養

當你把自身的需求排出了優先順序，就需要來了解另一個導致不健康關係的常見障礙——這通常被視為是浪漫關係的祕方與終極夢想——來電的化學作用。

來電的化學作用和浪漫關係是非常緊密關聯的。事實上，我們有時候甚至會認為來電和合得來或者愛都是相同的東西。但來電實際上又是什麼呢？

來電的化學作用是否就是電影《麻雀變鳳凰》（*Pretty Woman*）中李察・吉爾在人行道旁與茱莉亞・羅勃茲的打情罵俏？或者是電影《漂洋過海愛上你》（*Dilwale Dulhaniya Le Jayenge*）中沙・魯克・罕（Shah Rukh Khan）和卡約兒（Kajol）被鎖在火車的房間外，兩人只好一起坐在外頭？又或者是由電影《最毒美人心》（*Jism*）中比帕莎・巴蘇（Bipasha Basu）和約翰・亞伯拉罕（John Abraham）的縱情聲色所定義？電影《希爾希拉》（*Silsila*）是否能被稱作來電化學作用的典型象徵——那化學作用如此強勁，即使在各自結婚後，命運仍把兩個情人拉到了一起？

是的，這些全都是來電的化學作用。但是，化學作用也遠不止於此。不幸的是，我們大部分人都只執著於大眾文化的敘述，來為我們真實人生中的浪漫關係定義來電的化學作用。我們會把任何讓我們些許感受到浪漫的一舉一動都給美化了，對於那些不符合我們所編織的故事則是輕描淡寫或是認為理所當然。

化學作用是很恰當的描述，因為那確實是「化學作用」。因此，若想了解浪漫關係中的化學作用，我要給你一堂小小的化學課。大腦中的化學成分，影響了你的內心與其他地方所感受到的來電感覺——而且，沒錯，要專心聽課，因為這堂化學課確實是有用的。

化學作用實際上是荷爾蒙（睪固酮和雌激素）以及神經傳導物質（多巴胺和血清素）的混合物。多巴胺、血清素、和正腎上腺素協助決定了你是否在初次見面就受到某人的吸引。

- **多巴胺**（dopamine）會在你墜入愛河時釋放（也就是當我們感受愛戀情愫而且很難專注其他事物的階段），而且正向的強化會促使更多的多巴胺釋出——接著會有一股強烈的幸福感，覺得自己的情感有得到對應的回報。多巴胺會啓動回饋的迴路，使得愛成爲一種愉悅的體驗，類似於古柯鹼或酒精所帶來的狂喜感受。
- 隨著多巴胺增加，**血清素**（serotonin）也會一起升高——我們的快樂荷爾蒙這時達到全面活躍的狀態——我們可能會很雀躍，哼著我們最愛的情歌，或者情不自禁地笑著，比我們平常的狀態都還要快樂和正向。再加上**正腎上腺素**（norepinephrine）——該化學物質會透過提高心跳和警覺來協助你的身體因應壓力，在這些化學物質的影響下，我們在戀愛中會一直有種輕飄飄的感覺，而且夜晚也難以入眠。
- **催產素**（oxytocin）協助形成緊密的關係連結和依附，也會在你戀愛時重塑你的大腦。催產素也稱作「抱抱荷爾蒙」，因爲，舉例來說，它會在母親抱著小嬰孩時釋放，也會在我們與浪漫伴侶親密、擁抱或做愛時釋放，又或者會在我們和非戀愛伴侶做愛時釋放。
- 除了這些之外，我們的性荷爾蒙——**睪固酮**（testosterone）和**雌激素**（estrogen）——驅動著性慾和性吸引力，當和前述其他激素結合時，會形成一種令人目眩神迷的浪漫、依附、親密與欲望的混合體。這種混合體是極易上癮的，而且會讓我們欲罷不能。

化學作用會反映在你與伴侶相處時的談笑方式，或者你想起他們時臉上露出的笑容，或者反映在兩人如何展現出八〇年代情歌敘述的情感，以及兩人在床第間的肢體語言。

但是，更棒的化學作用感受，是否意謂著一段關係可以帶來滿足的機率會更高呢？絕對不是的。**來電程度高並不等於更合得來**。

米夏和羅希特似乎有很棒的化學作用。但是，她爲什麼會想要和他分手呢？這是因爲，事實上，要實際培養一段健康的關係，還需要比很棒的化學作用還要多更多的東西。

合得來的融洽性是兩人在生活方式的選擇以及價值觀上能夠一致。這種融洽性可能反映在生活目標、價值觀、信念系統等形式上。例如伴侶關係中的兩人都相信藝術對人類來說是至關重要的，而且兩人也偏好相同類型的音樂，或者他們所喜好的休假方式，就是在週末時從廚房又窩回到床上去。

融洽性最重要的支柱之一就是價值觀。在誠實、眞誠、道德標準、安全與可靠性方面有著相同的觀點，對浪漫關係的融洽性來說是很加分也很重要的一部分。一個人要能感到快樂且安全的生活著是很重要的事情，在大部分這類重要事情上能有相同的立場，就是所謂的合得來的融洽性。

**低融洽性／低化學作用（合不來／不來電）**

這類的連結通常沒什麼發展性。人們在交友軟體上交談過程持續不到兩天，或者很「無感」的約會，就屬於這個類別。

**高融洽性／低化學作用（合得來／不來電）**

這類關係在許多方面讓你感到滿足，但卻缺乏自發性以及肢體吸引。這是許多柏拉圖式關係和友誼存在的原因。落入此類別的浪漫關係，可能不會感受到那種「擦出火花」的感覺。

**低融洽性／高化學作用（合不來／來電）**

這是災難會發生的組合。化學作用很棒但卻沒有融洽性——這意謂著兩人之間存在著強烈的情愫，但在許多事情上卻沒有相同的觀點。這是大部分不健康且有毒的關係以及造成創傷的關係會存在的原因。

**高融洽性／高化學作用（合得來／來電）**

一種神聖的組合。就像微酸的梅果遇上滑順的黑巧克力。你就是欲罷不能，而且你永遠不覺得厭倦。這種關係兼具了親密與可行性，且在兩者間取得很棒的平衡。

事實是，關係未必會像是梅果巧克力慕斯。事實上，還差得遠呢。沒有精確的衡量標準或模型，能協助我們每次都獲得準確的結果，而且我們也無法預測結局。關係是很混亂而且無法預期的——因爲關係中的兩人都是複雜的人類——因此，了解融洽性和化學作用如何運作，能夠至少協助我們更加接近我們想要達到的結果。

只聚焦在化學作用上，可能帶來一段非常令人不滿足的關係，只有身體與情感得到出口，但你們在許多日常事物上卻無法忍受彼此。一段健康的關係必須要有個安全的空間能夠展現脆弱與進行親密的交談，攤開你眞實的情緒與感覺，而且有空間能夠進行艱難的對話，進而帶來成長。但在只充滿化學作用的關係中，安全空間可能被放在次要位置，甚至可能會覺得很「無趣」。

化學作用是很讓人上癮的。多巴胺和血清素會讓我們一直渴望愛所帶來的喜悅。某種程度的低落感可能會讓我們覺得愛已經蕩然無存，或者讓我們質疑整段關係。

關係中的兩人若有著高化學作用但低融洽性，可能無法彼此坦率且眞誠地對話。他們會擔心眞誠的對話會導致情緒爆發，使得這段關係更不穩定。這會造成需求不被滿足、感覺沒被傾聽、感覺被誤解、充滿怨懟，在此同時，兩人仍舊試著享受在一起的時光。原本由浪漫風暴刮起的這段關係，慢慢地開始時不時出現看似無來由的爭吵、憤怒的淚水以及各種痛苦。但兩個人都無法了解究竟出了什麼問題，也似乎無法找到任何留下來或者離開的理由。

要對關係提出質疑，是需要勇氣的。

米夏那天已經鼓起了所有的勇氣。她眞的想要理清自己的重視的事物，並且向羅希特要個明確的答案——問他是否有認眞考慮結婚？她不想再去峇里度假，她想要能夠見他的家人。禮物和甜言蜜語對她已經沒有作用。她想要他付出的時間、承諾和行動能夠兌現他所說的話。

但後來發生什麼呢？所有這些勇氣跑去哪裡了呢？爲什麼她現在又在滑手機找民宿，而不是吃著巧克力冰淇淋來撫慰自己的心碎，並且向安努莎哭訴自己有多難受？爲什麼？

原因有幾個：

一、**米夏仍緊抓著虛幻的可能性**——打從羅希特和她相遇的那一刻起，米夏就窺見了他擁有的潛能。她愛上的是他們最終在一起時可能成爲的模樣——但並不在意兩人當下在一起的狀況。米夏沉迷於她在度假時見到的那個羅希特——那個把所有時間都留給她的羅希特，那個可以在她面前展現脆弱、承諾要給她一切想望、說她是自己的眞命天女的羅希特。她並沒有準備好要接受現實，也就是羅希特並不是他自己說的那樣的人。她相信那潛能，寧願等待那個羅希特有一天會成爲持續的存在，卻沒有選擇她自己的需求，並且盡一切可能把自己的需求擺在第一位。

但把自身需求擺在第一位，並不是她自然而然會做的事情。在米夏五歲時，爸媽給她生了個弟弟。米夏在生命頭五年中都是眾人關注的焦點，現在她也落入了和大七歲的姊姊相同的處境。她的姊姊和弟弟後來都變得很叛逆，經常惹麻煩，但米夏不一樣，米夏是爸媽的乖女孩。事實上，她是整個鄰里的乖女孩。米夏很安靜，從來都不吵鬧，而且會盡自己所能來協助讓爸媽的生活輕鬆些。她覺得自己的手足有時候幾乎會怨恨她。

米夏從很小的時候就知道，不符合爸媽信念和需求的事情都不該做。她想要被愛、被看見、被欣賞。因此，她教導自己認爲，取悅他人是被愛與被欣賞的唯一方式。沒有人喜歡頂嘴和破壞規矩的人。所以，米夏就是這麼做的，她讓他人帶頭，她不認爲堅定自信是討人喜歡的特質。

二、**米夏害怕會被拒絕和被遺棄**——米夏相信，堅定自信並沒有什麼好處，只會失去愛，要順從才能得到愛。她知道，捍衛自己的需求會導致她和羅希特必須做討論，而這會讓羅希特很不自在。他可能會生氣，或者開始不喜歡米夏——要是他不想要給予她需要的東西呢？衝突是她極力避免的事情，而且和羅希特起衝突可能意謂著她無法全身而退。她看過羅希特生氣的樣子，那可不是很愉快的場景。討論她想要的東西，會讓兩人都陷入不自在的處境——既然她現在得到的也不算太糟，又何必要那麼做呢？有愛不是比什麼都沒有來得好嗎？米夏害怕面對他的反應，寧願透過工作以及週末派對來麻痺自己的焦慮和需求。她努力向羅希特隱藏一切。她不想要展現太過強勢或嘮叨，把羅希特給嚇跑了。

三、**米夏會因爲要求更多而感到羞愧和罪惡**——米夏一直都是個和事佬、調停人。她從不引發爭端，而且也很努力避開爭端。她寧願死也不願選邊站和展現堅定自信。米夏一直是樂意幫助朋友的人，只要有人需要她，她一定會伸出援手。她已經有好幾次都竭盡所能去幫助有需要的朋友和同事。她把身邊的人放在第一位，而且以此特質爲傲，把這種特質視爲一種榮譽的象徵。

爲何不呢？在成長的過程中，她很少看到她的母親要求任何事情。至少從沒在她的面前這麼做。但姊姊瑪西（Maasi）不一樣。她媽媽總是會和別人聊到說，瑪西永遠不可能眞的組成家庭，因爲她太大嗓門了。媽媽一直都認爲，誠摯有耐心才能維繫一個家庭。而她也沒有不認同這看法。畢竟，她媽媽已經在一段幸福婚姻中四十年的時間，而瑪西則已經離婚又再婚了。她媽媽的生活並沒有說很輕鬆愜意——她身爲長媳，家中又有五個兄弟姊妹，生活並不容易。小姑也是百般刁難，她經常在夜晚裡啜泣著或者沒吃飯就睡了，無法承受家族內的事務。她的丈夫一直在忙著賺錢養家，除了管理財務之外，沒有時間分給其他的事情。她媽媽受苦，好讓小孩能過上她從未擁有的生活。確實如此……米夏的人生是她媽媽連做夢都不敢想的。她媽媽是對的——要求太多的人通常不會被看中。

想像一下你一直想要一座漂亮的花園，裡頭種滿各種異國植物和花卉。你一開始極爲細心地規劃著你的花園。你決定了自己想要哪些植物和花卉，然後就去買了種子和植物插穗等。你付出愛、時間和辛勞來照顧你的花園。植物看來生長良好，相當漂亮。但隨著時間過去，你看到花園裡出現了其他的花和葉子。你沒印象有這類觀葉植物，但這些植物看起來還是很漂亮，因此，你只是聳聳肩，讓這些植物繼續生長。你猜想這些大概是鳥類帶來的種子。很快地，你再也看不到自己種植的花卉。你的花園已經被其他的植物和花卉給劫持了，現在感覺起來你好像是在照顧別人的花園。你會讓這樣的事情發生在你的花園嗎？

這就是發生在我們的信念上的事情。年幼時，我們的頭腦是空曠且肥沃的，準備好要被播種，要在這肥沃的土壤上種植什麼，我們有著無限的可能性。隨著時間過去，各種信念開始生長。這些信念有些是我們自己的——我們透過自身的人生經歷直接發展出這些信念。但還有些時候，某些信念是社會、我們的照顧者、我們的文化、我們的同儕所給予我們的。如果我們沒有留意，很快我們就會活在完全由他人的信念系統所建構的人生中，而不是眞正我們自己的信念系統。

信念就是想法，是對我們有掌控力的想法。有些信念能賦予我們力量，還有些則無法——那些被稱作限制性的信念。那些信念會牽制我們，限制我們，抑制我們的成長，讓我們無法完整地體驗人生帶給我們的一切。

「我不適合談感情。」
「我的數學很糟糕。」
「我太年輕了，不能那麼做。」
「我太老了，不能那麼做。」
「我不值得擁有那東西。」
「我不夠聰明／不夠有才華／不夠漂亮。」

限制性的信念是我們形成的無意識想法，用來協助我們避免未來可能遭遇的痛苦或阻礙。人類的頭腦構造是以追求安全爲優先的。我們的大腦只有一個工作——就是保持我們的生存。任何危險或失敗的些許跡象，大腦都不喜歡。但大腦不知道的是，雖然那條路很辛苦，但最終會讓我們變得更強壯。不過，大腦也不在乎這件事。它只有一個工作，而且它想要把這工作做好。因此，限制性信念的存在主要是一種調適機制。而且，很奇怪的是，這些限制性信念有些甚至不是我們自己的信念，而是在家庭中、在世代間、在社會中傳承的信念。

如果我們不對自己花園裡種植的東西挑剔一些，我們可能很快就會變成在照顧別人的花園。同樣地，如果我們沒有去篩選並且質疑我們全部的信念，我們可能會累積太多限制了我們的信念，而不是能賦予力量的信念。限制性的信念可能讓我們在無意識中過著他人的人生，而不是自己眞正的人生。

米夏會不會是受到她對婚姻和關係的信念給限制了呢？她是不是在過著並非眞正屬於她的人生，過著受到家族裡的婦女以及她們的信念所影響的人生？

我們的大腦一直在爲我們策劃著幸福快樂的結局。對米夏來說，承認並且選擇自身的需求，意謂著她可能必須放手這段和羅希特的關係。要選擇相信自己能夠說出自身的需求並且展現堅定自信，意謂著她會需要設下界線，並且把自己放在第一位，而這可能會造成她失去朋友或者失去一些實際和她親近的人。要是他們不再像以前那樣喜歡她怎麼辦？爲了保護她免於被拒絕的痛苦以及嘗試新事物所帶來的不適感，頭腦會形成一些信念像是「付出比接受更好」、「堅定自信的人不被人喜歡」和「沉默是通往幸福的唯一方式」等等。而這些限制性的信念有許多可能會蒙蔽了她的判斷力，使得她無法辨識自己眞正的需求。

爲了要能活出眞正屬於自己的人生，發掘我們隱藏的限制性信念是很重要的。那我們該怎麼做呢？

**愛與被愛練習 3**

## 關係信念測驗

說明：閱讀下面的每一條陳述，並且標示你認同或不認同。請誠實面對自己，選擇能最好地反映你的真實感受的回應。

一、愛應該總是不費吹灰之力且輕鬆自在的——認同／不認同

二、我的伴侶應該認可我的價值與幸福——認同／不認同

三、衝突是關係失敗的跡象——認同／不認同

四、我的伴侶應該要能夠知道我的需求，不需要我來告訴他們——認同／不認同

五、身在一段關係中證明我是討人喜愛的——認同／不認同

六、我必須犧牲自己的需求來讓我的伴侶開心——認同／不認同

七、如果我的伴侶真的愛我，他們就會改變自己來符合我的期待——認同／不認同

八、我應該總是把我的關係看得比什麼都重要——認同／不認同

九、在當下最好能避免衝突，問題可以稍後再解決——認同／不認同

如果你在任何一項陳述回答「認同」，那麼你對於關係應該或不應該是什麼模樣，可能有一些限制性的信念。咱們來拆解每一則陳述爲何是限制性信念：

一、愛應該總是不費吹灰之力且輕鬆自在的。

- 這信念給關係設下了不切實際的預期，因爲所有的伴侶關係都會遭遇挑戰，都需要積極的努力來維持。因此，當不可避免的困難出現時，這信念可能導致失望與不滿足。

二、我的伴侶應該認可我的價值與幸福。

- 只依靠外部認可自我價值可能導致缺乏安全感與依賴性。培養自我肯定和不依靠外部給予的幸福是很重要的。

三、衝突是關係失敗的跡象。

• 認爲衝突一定是不好的，可能會阻礙健康的溝通和問題的解決。有建設性地處理衝突，可以讓衝突成爲成長與了解的機會。

四、我的伴侶應該要能夠知道我的需求，不需要我來告訴他們。

• 期待伴侶要有讀心術是不切實際的，而且也忽略了開誠布公溝通的重要性。清楚地表達需求能夠促進了解與連結。

五、身在一段關係中證明我是討人喜愛的。

• 把自我價值與關係狀態掛鉤，可能導致潰乏與絕望感。擁抱自我之愛與關係外的自我實現，對於整體健康是至關重要的。

六、我必須犧牲自己的需求來讓我的伴侶開心。

• 把伴侶的需求放在自身需求之前，可能導致怨懟與不平衡。健康的關係需要相互尊重彼此的需求與界線。

七、如果我的伴侶眞的愛我，他們就會改變自己來符合我的期待。

• 期待伴侶改變是忽視了關係中接納與妥協的重要性。這也表示，我們執著在虛幻的可能性與幻想上，而不是接納實際的情況。

八、我應該總是把我的關係看得比什麼都重要。

• 爲了關係而忽視個人的目標和志向，可能導致潛能無法實現與怨懟。平衡個人成長與關係承諾，是獲得長期幸福的關鍵。

九、在當下最好能避免衝突，問題可以稍後再解決

• 避免衝突可能導致問題沒能解決以及情感疏離。而且這麼做也顯示出，我們可能只是緊抓著暫時的慰藉，而忽視了要維護關係的健康。健康關係需要開誠布公的溝通，來化解擔憂，並促進親密感。

以下是一些能夠賦予力量的信念，不論你是在生命中的哪個階段，內在擁抱這些信念都能夠促進關係更健康：

一、愛是一段成長與相互支持的旅程，可能會需要付出一些努力，但最終會強化了我們的連結。

二、我是值得愛與幸福的，不需要外部的認可，也不需要以關係狀態來評斷。

三、關係中的衝突是了解與成長的機會，能在過程中強化我們的連結。

四、清楚的溝通與理解，是擁有令人滿足的關係的關鍵，而且我信任我的伴侶能夠在我表達我的需求時，用心傾聽與支持我。

五、我自己就是完整的，也是值得被愛的，關係是我人生的錦上添花，而不是對我自身價值的證明。

六、我的需求是很重要的，值得受到尊重，而且我也致力於在尊重我的伴侶和尊重我自己之間找到平衡。

七、接納和欣賞每一個人的獨特性，會豐盛我們的關係，而且我擁抱兩人一起成長與改變。

八、我有能力追求我的個人目標與志向，同時也滋養一段有愛且支持的關係。

九、開誠布公的溝通會強化我們的連結，而且我有信心能夠處理任何可能出現的擔憂與衝突。

十、眞誠的連結是豐盛的，正確的關係正在等著我。

十一、我值得伴侶的愛、了解與接納，伴侶會欣賞我的本質。

# 2

# 討好型人格

## 了解關係中的調適機制

沙發上今天坐著一位新客戶。他看起來很生氣，可能也有一點緊張，腳似乎無法停止抖動。他左手拿著的那杯咖啡，可能也加劇了他的焦躁感。

「他們今天把咖啡煮壞了。我的意思是，我每天都去這間咖啡店。我是說，每一天都去。他們怎麼可以他媽的把這件事搞砸?!」

「我可以在這裡罵髒話，對吧？」他看著我，問道。

我微笑著：「請繼續。」

「所以，對啊，我是說，他們就只有一個工作。他們怎麼可以搞砸最基本的卡布奇諾？」

「你看到他們搞砸時，你怎麼做？」

「我是說，我能怎麼辦呢？」他滿臉質疑地看著我。

「嗯，咱們來看看……你可以點出這件事，然後換一杯新的，大概吧？」

「呃，不了，我不想要鬧事。」

我筆記上做了記錄。

「還有，說到咖啡，我的幫傭今天遲到了，只是胡扯一些藉口，天啊，整個屋子是一團亂。我可能應該要把她給開除。這是她第二次遲到了——不能再來第三次或第四次。我不喜歡房子亂糟糟沒秩序。」

「你喜歡按表操課和整齊秩序，對吧？不過，哈什（Harsh），告訴我一件事情——除了咖啡搞砸和幫傭遲到之外，你現在生活中還有什麼事情也是亂糟糟的？」

「亂糟糟？嗯，我的生活和工作平衡。」

「還有呢？」

「我的汽車座椅，大概吧……」

「還有呢？」

「我的婚姻。」

「你可以告訴我更多細節嗎？」

「好的，當然可以。我三十四歲，已經結婚七年了，不對，是六年，然後我不愛了。對，就是這樣。」

「對你來說，『不愛了』是什麼意思？」

「嗯，意思是，生活變得很無趣、百無聊賴。沒有性、沒有新鮮感，什麼都沒有。就只是一成不變。我去上班，她去上班，我們回家，分別看自己的電視，然後上床睡覺。我們現在甚至睡在不同的房間裡。眞是個笑話。」

「哈什，你們有小孩嗎？」

「小孩？沒有。從現在的情況來看，還好我們沒有小孩。到底誰會想要把小孩帶到這個他媽的愚蠢世界呢？不過，我妹妹有個可愛的小孩，我很替她開心。還有，米菈（Meera）——我太太的名字叫米菈——她哥哥生了一對雙胞胎。一對超級可愛的男孩，他們現在已經六歲了！」

我微笑著，又記了一次筆記。

「哈什，你可以告訴我你的婚姻中最近發生的一件事情嗎？一件你覺得很重要可以讓我們今天一起討論的事情。」

「嗯，」他笑了，「太多了，不過，我想告訴你這件有趣的事情。這件事可能可以給你一些概念。是這樣的，米菈在工作上是很厲害的，了解嗎？她現在的職位很棒，而且她是超級努力才爬到這位置的，我也認同這點。她底下管理大概有五十個人吧，了解嗎？然後，他們在數位中心飯店（Cyber Hub）舉辦一場派對，派對上有提供酒水和其他東西——當然啦，派對都是這個樣子。然後，你聽看看這個，我當時也在這個飯店裡。人們開始走進來，人越來越多。然後，米菈也走進來了，找個地方坐了下來。我就坐在那邊，和三個好朋友在一起，我的朋友也都有看到米菈。他們看著我，問我說爲什麼不叫她。我知道這是個糟糕的主意，但我並不想要讓他們知道我們的情況。所以，我就走過去，拍了拍她的背。她先是嚇了一跳，然後轉過來面對我。」

他停下來看著我：「你猜猜接下來發生什麼了？」

我搖搖頭。

「她只是看著我，說：『喔』。」

「然後你做了什麼呢？」我敦促著他繼續說。

「我告訴她說：『喔？那是什麼意思？』她說：『沒有，我是說你在這裡做什麼？』然後我指著我和朋友坐的那桌。他們當然都在看著我們倆，所以他們就揮了揮手。她也揮了揮手，然後又說：『喔，我知道了。』那個挖苦，那種語氣，我很不喜歡。我根本不應該去找她的。說眞的，這女人超不體貼的。」

「那給你的感覺是什麼？」

「我覺得很丟臉。」

「丟臉……會有這樣的情緒是因爲……」

「因爲我是她丈夫，我去找她，她的回應很不自然。她的反應好像她很討厭我，不喜歡在那裡看到我。整個公司的人都在看，我的朋友也在看，她至少可以裝一下吧，假裝笑一下，或許也擁抱一下。拜託，就帶著微笑，走過來和我的朋友打聲招呼之類的。米菈就是這樣，從來都不尊重別人的情緒，只在乎她自己。」

哈什沒錯。他太太的反應有一部分讓他自我感覺到渺小和多餘。這可能會連結到他們在婚姻中已經出現的不自在感，再加上哈什在前去和她說話時的擔憂，表示他頭腦中已經決定了這次對話不會進行得太好。

「所以，我了解到她的反應很讓你不悅，而且也讓你覺得很丟臉。如果你是她，你會怎麼做呢？」我問道。

「嗯，我不知道，」他停頓了一下，「我可能會裝一下。我會微笑，去和她的朋友打招呼，或許和她們寒暄一番。我肯定不會這麼冷淡，但或許她根本一開始就不會過來找我。」

「好的，你是說，如果她來找你的話，你會裝一下，緩和當下氣氛。」

「對，」他點點頭，「那才是該做的事情，」他很肯定地說。

情況逐漸清晰了。哈什在婚姻中的怨懟大多來自一個事實，也就是他想要透過討好他人來應對困難的情境，而他的太太則似乎有著完全不同的做法。他的需求長期受到了抑制，甚至可能是自我打壓，而且他怨恨他的妻子並不會透過討好他人來擺脫窘境，那樣會讓他的人生輕鬆許多。

討好他人的行爲就是你以特定的行動方式來讓他人感到開心。討好他人就像字面上看起來那樣——也就是我們採取的行爲方式並不是爲了自己，而是爲了要取悅其他人。但老實說，這也不像聽起來那麼簡單。大部分情況，這是討好對你很重要的人，而大多數時候，這習慣也會擴展至不是那麼重要的人。咱們透過一些範例來更好地了解這種行爲。

某人：嘿，你可以去圖書館幫我拿那本書嗎？

你（頭腦中）：四點有我最愛的電視節目，圖書館又那麼遠，我根本不想開車過去。

你（說出口）：好的，當然可以，怎麼會不行呢？事實上，我很樂意幫忙。我本來就在想說要往那方向去呢。

這就是討好他人。

你：我們今天要吃披薩，對吧？我們昨天是這樣討論的。

伴侶：是的，我也想吃披薩。我們已經很久沒吃了。但你知道吃什麼更好嗎？吃熱巧克力和冰淇淋會更棒。

你（說出口）：我本來想說今天不要吃甜食的，不過……算了，當然好啊。

你（頭腦中）：我今天晚上眞的很想看電影，我好不容易才放假的。

電話響起。你看到那是每次都會聊上好幾個小時的朋友，但你現在似乎沒有耳機可以戴起來聊天。不過，你當然還是接聽了電話。她邀請你去她小孩的慶生派對，而你無法說不；儘管她約得很趕，你已經有其他計畫，而且你也很疲倦。結果你還是「承諾」她說你會出席，而且把接下來的時間都用在尋找完美的禮物上。

**討好他人是一種調適機制**。

當你同意多開十公里路去圖書館，而且還另外謊報了你的意圖，你實際上想要的是接納、感激和對方的回報。

當你同意吃冰淇淋，但事後覺得非常有罪惡感，因此無來由地對你的伴侶發脾氣，這是你自己沒能力接受並溝通你的需求。相反地，你受到自身的信念所蒙蔽，認為他們應該要知道才對，或者認為他們應該要關心你才對。

當你同意要去慶生派對，表示你對於設下界線這件事並不自在——那樣的概念對你來說是很陌生的。你無法忍受你不去派對的後果所帶來的不舒服感，光是用想的就讓你不舒服，更何況是實際發生了。你認為參加派對是一種義務，並且你也說到做到。但後來，當同樣是那個朋友打電話來，你會為沒有接聽電話找藉口。事實上，你不知道要怎麼避開你不想要的冗長交談，只好把你的手機轉成了靜音模式。

我們的朋友哈什也是一樣的。事實上，他已經被困在討好他人的桎梏中很長一段時間。他怪罪自己的婚姻和妻子，因為那比怪罪自己簡單得多。

咱們來了解一下爲什麼討好他人是一種調適機制。

在年幼時，我們對自身環境的控制是有限的——沒有話語權、沒有力量、沒有控制權。我們連最基本的食物、庇護和照顧等需求都要依賴我們的環境。隨著我們成長，我們也意識到自身根本的生存都要依賴我們的照顧者。那意謂著，如果我們的照顧者心情很好，我們就會獲得很好的照顧。如果他們心情不好，如果他們很擔憂、很緊繃、很生氣或者很不開心，這些也都會反映在他們對待我們的方式上。至少，大部分時候是這樣的。因此，我們也覺得要對他們的情緒負責。我們會很努力讓他們開心。但爲什麼呢？爲什麼我們要在自己幼小的肩膀上承受這樣沉重的負擔呢？

**大部分會討好他人的成年人，一開始都是會討好父母的人。**

父母在面對小孩時若是情緒無能（emotionally unavailable），太過專注於自己的生活，脾氣暴躁且情緒不穩定，又或者父母把小孩看作完成自身未實現夢想的媒介，都是會造成小孩可能去討好他人的原因。

小孩在成長過程中就像是海綿。他們出生時是一張白紙，然後從他們周遭的環境開始觀察與理解這世界。如果他們經常面臨的情況是他們必須獨自去理解這世界，他們就會運用自身任何有限的理解，來讓自己擺脫不自在的情況。通常其中一種常用的方式就是討好他人。但如果他有清晰的溝通做爲引導，並且有被理解地交談，而不是被無視和否定，那麼他們就能更有安全感和更有自信地去理解這世界，理解各種他們可能無法獨自掌握的情況和觀點。這種溝通和安全感會使得他們感覺到被肯定和被支持，並且讓他們在日後能夠更好地探索這世界。

有意思的是，到了七歲時，大部分的信念、習慣和行爲模式都已經發展定型。因此，如果在七歲之前我們沒有得到那種安全或有指引的環境，我們就會在下意識中展現我們孩童時的信念，並且以我們在孩童時期發展出來的調適機制來應對各種情況。

然而，千萬不要把討好他人誤認爲和善友好，也別誤認爲是利他主義。當我們很友善或者展現利他的行爲時，我們不會在事後因爲覺得在對他人友善時自己的期待沒被滿足而感覺怨恨。如果你覺得自己爲別人做了某件事，而且你不會在事後又去想這件事情，那就是展現友善。另一方面，如果你排除萬難爲別人做了某件事，結果卻因爲覺得不被感謝、覺得被利用、覺得沒被對方肯定而感到怨懟，你可能就不是純粹的展現友善和利他。相反地，你可能是因爲想要被別人認定爲「好人」，而成了這種信念的受害者。

以下是我詢問哈什的一些問題，可以協助我們了解自身討好他人的傾向：

- 你是否很難說「不」？
- 你是否覺得爲別人做事會贏得他們的認可，讓他們喜歡你？

- 你是否經常跟別人說抱歉？
- 你是否經常感覺枯竭、被掏空？
- 你是否忽視自身的需求來爲他人做事？
- 你是否覺得附和他人比表達自己的意見來得容易？
- 你是否總是在思考別人可能會怎麼想？
- 你是否會在向別人說「不」時有罪惡感？
- 你是否擔心拒絕別人會讓他們覺得你很吝嗇或自私？
- 你是否會同意去做你不喜歡的事情或者同意去做你不想做的事情？

哈什在超過百分之七十的問題上回答是。因此我問他說：「你是否認爲自己考量別人比考量自己還多？」

「是的，當然是，」他也認同，「但重點是什麼？我總是會考量到米菈，做好必須做的事情，就算她沒有要求我做，我還是一直都很努力，但我想這是個錯誤吧。」

我點點頭。或許吧。

「哈什，你知道嗎，如果我們專注在聚焦我們愛的人和關心的人，很容易就會把我們自身的需求放在次要地位。而這麼做會打擊到關係。關係只有在你付出的同時也有回報才會茁壯成長。」

有時候我們會太過專注在付出，以至於我們不知道要如何接受。我們不知道自己想要什麼，而且也似乎無法不對想要任何東西感到罪惡。因此，我們就回歸到我們最熟悉的事情——付出——期望著有一天我們也會得到一些回報。這會造成個人的許多怨懟。如果我們都不能先承認自己的需求和接受自己的需求，又怎麼能期望會得到自己想要的東西呢？

「若想要挽回你的婚姻，而且也讓內心感覺更好些，建議你開始表達你的想法。你可能要花一些時間才能熟練，而且可能感覺很不自在——一開始可能會真的很不舒服。但我建議你忍受這種不自在，做就對了。你不一定要認同一個你無法理解的情況。你可以在情況對你不利時，大聲地說出來。」

「舉例來說，」我指著他的咖啡杯，「咱們從下次你點咖啡開始。如果他們搞砸了，你能不能走上前去，告訴你偏好的咖啡是什麼樣子，而不是帶著你不喜歡的咖啡走出店家？」

他微笑著說：「或許可以。」

「你可以試看看，對吧？」我輕輕地推了一下。

「對，我可以試試，」他停頓了好一會又說，「但你知道嗎，我覺得自己像個傻子。我覺得自己甚至沒法跟咖啡館的服務生講話。」
「你已經在奉承模式太久了。」
「奉承模式？那是什麼？」
「還記得我們有討論過嗎，小孩子如果暴露在情緒不穩定或不確定的情境中，可能會變得過度警覺和討好他人。」
他點點頭。
「你還記不記得你小的時候身邊有什麼人是符合這種形象的？」他想了一下，「我……」
他遲疑了。
「繼續說。」
「我，我是說，是的，我的祖父就是像那個樣子。我並不是說那是很不好的。他是有權勢的人。大家都尊敬他，大家也都很怕他。他經營著鋼鐵事業，因此我猜想應該經常壓力很大。整個家族都圍著他轉。他的飲食、他的睡眠、他的穿著。當然啦，我父親、我祖母，還有後來我母親也是，他們的日常事務也全都是圍繞著我祖父。他的脾氣非常非常大，你知道的。」
他看著我。
「你還記得他生氣的事情嗎？你願意分享嗎？」

「我覺得，那是一件很愚蠢的事情，但我很清楚記得這件事。下午兩點到四點是祖父的午休時間。我是在那時間放學回家，也被要求放學後立刻去睡覺。在那段時間內，家裡的器具都不能發出聲響，連葉子也不能發出沙沙聲，一切都必須要超級安靜，非常詭異地安靜。有很長一段時間，我以為每個人的家裡到了下午都是這個樣子的。」他訕笑著說。

「所以，我通常都會去睡覺——我是個非常聽話的孩子——但那一天，我在學校贏得了棋賽獎盃。我非常開心，開心到我在屋裡活蹦亂跳。我媽媽和祖母也很高興，但她們一直叫我要安靜下來去睡覺。但我也想要祖父知道這件事情。祖父也很喜歡下棋。所以我忽視了她們，跑到祖父的房間去叫他。他是個高大的男人，正在打呼。我搖著他，他沒有醒來，我又叫著他的名字，他還是沒有醒來，所以我拿了放在架子上的收音機，把音量調到最高，放到他的耳邊。那是我叫醒他的機制。」他笑著說。

「然後呢？發生了什麼事？他醒來了？」

「喔，他是醒來了沒錯。他一把抓住我的頭髮，好好地賞了我一頓耳光。然後他拎著我的領子，把我拉到庭院裡，又是一頓耳光。這整個過程中，我一直想要告訴他我贏了獎盃，而我祖母和母親則是在角落哭泣，求他停手。他停下了手，然後把我的獎盃砸爛在地上。我的獲獎時期才剛開始就結束了，從此再也沒有得獎過。」

他似乎在想著什麼，停頓了一會之後，他說：「但是，換作是我也會那麼生氣。」

「眞的嗎？」我問他，「那麼生氣？生氣到要毒打和傷害一個小孩？」

「或許不會。」他又停頓了一下，「沒有那麼抓狂的憤怒。但你知道嗎？傷害我的並不是他賞我耳光，甚至也不是他砸爛了獎盃。確實砸爛獎盃比賞耳光更讓我傷心，但眞正讓我難過的是他在那之後有整整一個月不跟我說話。」

嗯，我點點頭。一個小孩——才十歲大——就承受這麼大的怒氣，而後又被冷戰對待。他肯定會因此變得奉承。

「在那事件之後，你和祖父的關係怎麼樣？」

「還好吧，我想。但我後來知道一定要做討他開心的事情，因爲誰還會想要再被那樣賞耳光？不過，祖父一直都是很愛我的。這點無庸置疑。」

「你會說在那事件之後你就對自己的行爲格外小心嗎？」

「嗯，是的。我會一直很深思熟慮。而且，我不想要傷害其他人。我祖母和母親在那事件後感到很受傷。我了解到絕對不應該讓那樣的事情再發生。」

「哈什，我們的頭腦有點像超級英雄，隨時準備好在我們感覺到害怕或危險的時候保護我們。當有很可怕或很糟糕的事情發生時，我們的超級英雄頭腦就會啓動不同的調適機制來保護我們的安全。這些反應稱作壓力反應。」

「壓力反應是身體對於察覺到的威脅或挑戰所做出的自然反應。當我們面臨一個充滿壓力的情境時，我們的身體會啓動『戰鬥或逃跑』的反應，這會引發一系列的生理變化，讓我們準備好要對抗威脅或者是逃走。」

以下是一些常見的壓力反應：

一、**心跳和血壓升高**：身體的心血管系統因應壓力的方式爲提高心跳和血壓，爲肌肉提供更多的氧氣和養分。

二、**呼吸急促**：呼吸系統因應壓力的方式爲提高呼吸速度來吸入更多的氧氣。

三、**肌肉緊繃**：肌肉與骨骼系統因應壓力的方式爲收縮肌肉，準備好採取行動。

四、**瞳孔放大**：眼睛因應壓力的方式爲放大瞳孔，藉此接收更多的光線，改善低光源情況下的視覺。

五、**出汗增加**：皮膚因應壓力的方式爲產生更多汗水來調節身體的溫度。

六、**釋放壓力荷爾蒙**：內分泌系統因應壓力的方式爲釋放皮質醇（cortisol）和腎上腺素（adrenaline）等壓力荷爾蒙，藉此觸發「戰鬥或逃跑」的反應。

這些反應是設計來協助我們迅速且有效地因應壓力情境。然而，長期或慢性的壓力可能會對我們的身體與心理健康造成負面的影響。理解並管理我們的壓力反應，可以協助我們更有效地應對壓力，並且改善我們的整體健康。

當我們暴露於高壓的情境中，當我們因爲某事件引發的痛苦情緒太過強烈，以至於我們無力消化該情緒，就可能會導致創傷。創傷可以大致區分爲兩大類：顯性創傷和隱性創傷。

**顯性創傷**：這類創傷源自明顯可辨認的事件，通常是極端的事件，例如肢體施虐、意外、天災或暴力攻擊。這些事件是很明確的，可以直接連結到一個人的創傷反應。

**隱性創傷**：這類的創傷則較不明顯，源自於細微、不知不覺中的體驗。比如情感忽視、長期批判，或者生活在一直都很不安全的環境中。隱性創傷可能並沒有單一可辨認的源頭事件，但隨著時間的積累，會導致嚴重的心理困擾。

創傷可能大幅度改變你的大腦，從你的做決定過程，到你對環境的立即潛意識反應，各方面都會受到影響。

美國國家衛生研究院（National Institutes of Health / NIH）一份二〇〇六年的研究（布雷姆納〔J. D. Bremner〕的《創傷壓力對大腦的影響／神經科學臨床對話》〔*Traumatic Stress: Effects on the Brain. Dialogues in Clinical Neuroscience*〕）強調，創傷主要影響到大腦三個關鍵

區域：杏仁核（amygdala）、海馬迴（hippocampus）和前額葉皮質（prefrontal cortex）。杏仁核是情緒和本能的中樞，在遭遇讓人想起創傷的事物時會出現高度活躍的反應，彷彿那創傷再度發生。前額葉皮質的功能是協助調節情緒與衝動，這區域會被抑制，使其難以控制恐懼感受，讓人陷入被動的反應狀態。

此外，創傷會降低海馬迴的活動，該區域是分辨過去與當下事件的關鍵。也因此，如果我們沒有主動積極去了解並療癒過去的創傷，我們的大腦就會很難分辨實際的創傷事件和其記憶，把觸發因素視爲是當下正面臨的威脅。這可能支配了我們的行爲，做出某一種創傷反應。

以下是不同情境中的五種創傷反應：

一、**逃跑**：一個人走在樹林時遇到一隻熊，可能會出現逃跑反應，他們的身體可能會準備好要逃離那隻熊。

二、**僵住**：想像一個害怕公開講話的人被要求要在一大群聽眾面前發表演講，他們可能會出現僵住的反應，他們的身體可能會感覺癱瘓或無法動彈。

三、**戰鬥**：如果一個人遭遇肢體攻擊，他們可能會出現戰鬥反應，他們的身體可能會準備好要捍衛自己。

四、**奉承**：一個被霸凌的人可能會出現奉承反應，試著要討好霸凌者，或者取悅他們，以避免進一步的傷害。他們可能也會試著找各種藉口，無所不用其極地設法緩和情境。

五、**躺平**：一個人承受了極端的壓力可能出現躺平的反應，在身體上或心理上動彈不得。他們可能感覺無力招架且無助，導致崩潰或是出神，進而變得麻木。

奉承的反應就像是個超級英雄和事佬。當小孩經歷很艱難或可怕的事情，他們可能會無

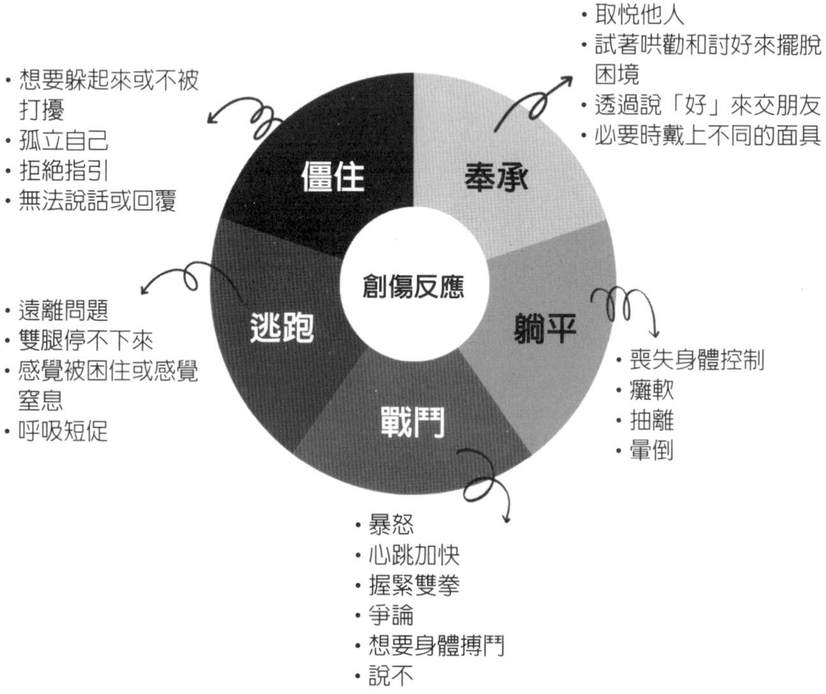

創傷反應
奉承
• 取悅他人
• 試著哄勸和討好來擺脫困境
• 透過說「好」來交朋友
• 必要時戴上不同的面具
躺平
• 喪失身體控制
• 癱軟
• 抽離
• 暈倒
戰鬥
• 暴怒
• 心跳加快
• 握緊雙拳
• 爭論
• 想要身體搏鬥
• 說不
逃跑
• 遠離問題
• 雙腿停不下來
• 感覺被困住或感覺窒息
• 呼吸短促
僵住
• 想要躲起來或不被打擾
• 孤立自己
• 拒絕指引
• 無法說話或回覆

不同種類的壓力反應

意識地發展出奉承的習慣，藉此來避免衝突和矛盾。討好他人、讓身邊的人都開心，這是讓一切都能相安無事的一種方式。

小孩並不是刻意選擇了這種反應；他們的超級英雄頭腦純粹就是自動跳出來保護他們的安全。因此，如果小孩經歷了讓他們感到威脅或不安全的情況，他們可能就會不知不覺地開始使用奉承的回應。這會變成是種習慣——一種探索世界的方式，同時避免任何可能會帶來衝突的事情。

奉承成了逃避工具，逃避可能太可怕或太衝突的情境。那就像是披上了一件隱形披風，藉此來融入群體中，不引人注目。小孩可能會想說：「如果我附和每個人，做他們想要的事情，或許一切都會相安無事，我就不需要去面對可能發生的壞事。」

重要的是，要記得創傷反應是頭腦用來保護我們的正常反應。然而，隨著我們長大，辨識這些反應並且找到更健康的方式來因應挑戰才是有幫助的做法。

討好他人做爲一種創傷反應，會有幾種不同的展現方式，通常是源自於我們過去的創傷或負面事件經歷。

- **過度遷就**：個人可能竭盡全力滿足他人的需求，即使是犧牲了自身的健康。這情況可能包括經常地說「好」、過度承諾或者忽視個人界線。

- **盡一切可能避免衝突**：一個人可能盡一切可能避免衝突或意見不合，害怕任何形式的爭吵都可能導致拒絕與遺棄，這些做法可能包括壓抑自身的意見或需求。
- **尋求外部認可**：討好型人格可能會過度尋求他人的認可和肯定，依賴外部的回饋來決定自身的價值，這是源自於不被喜歡或不被接納的恐懼。
- **經常性道歉**：個人可能過度道歉，即使微不足道的小事也要道歉，藉此作爲防止衝突或避免激怒他人的方式，這種行爲是受到害怕被視爲累贅或害怕造成不自在感的恐懼所驅動。
- **忽視個人需求**：討好型人格經常把他人的需求擺在自己的需求之前，忽視了自我照顧和個人的欲望，這可能導致掏空感或自我價值感低落。
- **難以說「不」**：帶有這種討好他人特質的人，會發現自己很難對任何要求或請求說「不」，就算那些事會給自己帶來不便也一樣，他們很害怕拒絕他人或讓他人失望。
- **過度從衆**：討好型人格可能會採納周遭人們的興趣、意見或偏好，藉此來融入或被接納，這是避免太過突出而可能遭受批評的一種方式。
- **對他人的情緒過度警覺**：個人可能變得對他人的情緒高度警覺，經常在留意並且調整他們的行爲，確保身邊的每個人都能感到舒服自在，這種過度警覺是源自於害怕造成痛苦的恐懼。
- **自責與罪惡感**：討好型人格可能會過度內化責怪與罪惡感，即使錯並不在他們，這種行爲通常是受到害怕被認定造成負面結果的恐懼所驅使。

• **難以接受讚美**：討好型人格可能很難優雅地接受讚美，會反駁或淡化正面的回饋，這是源自於不喜歡成爲正面關注的焦點。

哈什點點頭：「有道理。」

「所以，你並不會因爲無法反映咖啡的問題而比較差勁，但是你處在奉承模式的時間已經太久。該是對自己的習性更有覺察的時候了，不過，咱們先從小事情開始，好嗎？」

他點點頭。計時器響了。

「哈什，今天的時間到了。但我想要建議你做個小小的行爲改變，好幫助你能感覺更被聽見和看見，好嗎？」

「堅定自信是應對奉承機制的關鍵技巧，因爲需要眞切且自信地表達自己，不過度消極也不過度強硬。堅定自信落在消極（不表達自己的需求）以及強硬（打壓別人來表達自己的需求）兩者之間。你需要以清晰、誠實和尊重的態度，來溝通你的想法、感受和需求。如果我們有意識地開始練習堅定自信，會有助於打破奉承的模式，並且建立更健康的溝通習慣。」

「要提醒自己，有偏好是沒問題的，把偏好說出來是協助他人了解你的重要方式，而且也可讓你活得更眞切。和茶比起來，你更偏好咖啡，那是沒問題的。你偏好拿鐵——」

「我討厭拿鐵。」他俏皮地說。

我笑了：「那美式咖啡呢？」

「好，我可以。」

「所以，和拿鐵比起來，你更偏好美式咖啡，那是完全沒問題的。只要讓咖啡店員知道。有時候你可能需要講好幾次，但如果這麼做可以確保帶來好體驗，那何樂不爲呢？你可以自由運用你新獲得的覺察，想要的話，也可以在下次碰面前先寄電子郵件告訴我你的斬獲，好嗎？」

他點點頭。

沙發現在空了，但感覺很沉重。孩童時面對到他所信任和喜愛的照顧者的暴怒，導致他發展出討好他人的傾向，好讓他能在不再受傷的情況下——不論是身體上或心理上的受傷——更好地去探索他的環境。在哈什離開後，這沉重的能量仍揮之不去一段時間。

他的咖啡杯也還放在邊桌上，提醒著，療癒是從小事開始的。我默默地期望著，他下次買咖啡也會被搞砸，好讓他可以眞正發出自己的聲音。那可能會是眞正解放的時刻。我很期待看到他能成長。

幾天後，我隨手瀏覽電子郵件時，有一封新郵件跳出來。是哈什寄的，標題是「咖啡之亂」。他的郵件內容看起來是這樣的：

嗨，卡斯圖里：

我沒想到會這麼快就寫這封信，但你猜怎麼著，今天早上我去買咖啡，又碰到了鬧劇。我點美式咖啡，卻拿到冰滴咖啡。我立刻意識到這件事，因爲那杯咖啡很冰。我也喝了一口來確認，確定那是冰滴咖啡。所以我去找店員，問他這件事，他道歉了，也馬上換一杯咖啡給我。這件事實際上很簡單。老實說，我確實有考慮過乾脆就喝那杯冰滴咖啡，將錯就錯，可是，我又想說——何必呢？我並不想要喝冰滴咖啡，對吧。所以，我沒有這麼做。

拿到我想要的咖啡感覺確實很棒。回頭見！

祝順利

「我很高興你遇到了糟糕的咖啡店員。」我按下了回覆。

## 辨識你自然的壓力反應

**當面對衝突和矛盾時，你的立即反應是什麼？**

甲、堅持你的立場並且進行爭辯（戰鬥）
乙、感覺無力招架並且想要逃離該情境（逃跑）
丙、感覺癱瘓且無法回應（僵住）
丁、試圖討好或取悅他人來避免衝突（奉承）
戊、感覺被擊潰且會輕易地放棄（躺平）

**你通常如何處理工作或學校內的壓力情況？**

甲、直接面對問題並且自信地解決問題（戰鬥）
乙、避開會造成壓力的任務或情況（逃跑）
丙、感覺無法做決定或無法採取行動（僵住）
丁、卑躬屈膝來迎合他人的需求（奉承）
戊、感覺無奈且失去動力，導致拖延（躺平）

**在社交情境中，當感覺不自在或受威脅時，你會如何反應？**

甲、勇敢發聲並且捍衛你自己或你的信念（戰鬥）

乙、找到藉口離開，或者和該情境保持距離（逃跑）

丙、覺得無法表達自己或進行對話交流（僵住）

丁、配合他人的喜好，即使和你自身的喜好相違背（奉承）

戊、不與人交流並且變得被動或抽離（躺平）

**當面對批評或負面回饋時，你會如何反應？**

甲、用你自己的意見或論點來反駁（戰鬥）

乙、忽視或冷處理該回饋，並且避免進一步的討論（逃跑）

丙、感覺受傷或在情緒上封閉（僵住）

丁、過度道歉或試著做彌補（奉承）

戊、感覺被擊潰且失去改善的動力（躺平）

**你如何處理密切關係中的衝突或意見不合？**

甲、進行激烈的爭吵與辯論（戰鬥）

乙、抽離或者避免討論敏感話題（逃跑）

丙、情緒封閉或者變得毫無反應（僵住）
丁、把他人的需求和感受放在自身需求與感受之前（奉承）
戊、屈服於他人的要求來避免衝突（躺平）

**回顧過往的高壓經歷，你最常注意到的反應模式是什麼？**

甲、以攻擊或堅持己見作為回應（戰鬥）
乙、避開或逃離壓力情境（逃跑）
丙、感覺癱瘓或無法採取行動（僵住）
丁、尋求他人的認同與許可（奉承）
戊、放棄或者很容易感受挫敗（躺平）

根據你的回答，你可以確定哪個壓力反應模式——戰鬥、逃跑、僵住、奉承或躺平——最接近你在回應壓力時最常採取的方式。

要記得，會有幾種不同反應方式的組合是很正常的，但辨識出你的主要模式會有助於你更好地了解你的調適機制，並且發展出更有效因應壓力的策略。

不論你有什麼樣慣用的創傷反應，以下是你能夠更好地應對以及感覺更能掌控自身情況的方式：

一、**戰鬥反應（攻擊）**：當出現戰鬥反應，個人在察覺威脅或挑戰時可能促發交感神經系統高度活躍，進而做出攻擊的反應。這反應源自於自我保護的本能需求。以下是一些應對策略（參考第九章）：

- 練習深呼吸或正念，在做出衝動反應前先讓自己平靜。
- 運用堅定自信溝通技巧來不帶攻擊地表達你的需求與界線。
- 進行鍛鍊或運動等身體活動來釋放壓抑的能量並降低攻擊性。

二、**逃跑反應（逃避）**：逃跑反應通常源自於害怕面對讓人無力招架的情況或可見的威脅，那是一種想要避免傷害並且尋求安全的本能反應。諸如焦慮和過去創傷等心理因素有可能強化這種反應。以下是一些應對策略：

- 把任務或情境拆分成較小、較容易處理的步驟，來降低無力招架的感覺。
- 質疑造成逃避行爲的負面想法與信念。
- 設定務實的目標與期限，來逐步面對擔心的情境或任務。
- 練習放鬆技巧來降低焦慮，例如冥想或漸進式肌肉鬆弛法。

三、**僵住反應**（**癱瘓**）：受極端壓力和可見的危險觸發，僵住反應包括了無法動彈的狀態以及情緒封閉。這是源自原始大腦的生存機制，設計來保護我們免於傷害。諸如創傷或習得的無助感等心理因素可能強化這類反應，以下是一些應對策略：

- 聚焦在沉著技巧，例如深呼吸、視覺化或感官覺察，藉此與當下情境重新連結。
- 從較小、可達成的任務開始，重新獲得控制感與動力。
- 質疑自我批評的想法，並且練習自我疼惜，藉此降低羞愧或不足的感受。
- 從事提升自我表達與創意的活動，例如寫日記、藝術或音樂。

四、**奉承反應**（**討好他人**）：奉承反應的特性是傾向把他人的需求擺在自身需求之前，這通常源自於害怕被拒絕或被遺棄，其出發點是想要維持社交連結以及避免衝突。諸如自我價值感低落或過往關係模式等心理因素，可能會造成這類反應。以下是一些應對策略：

- 練習設定界線，並且在必要時堅定地說「不」，即使這麼做會感覺很不自在。
- 認可自身的感受與需求，而不是把他人的認同與肯定放在第一位。
- 辨識並且質疑關係中的相互依賴模式，例如透支自己來取悅他人。
- 培養自我覺察和自我疼惜，藉此察覺自身討好他人的行爲。

五、**躺平反應**（**放棄**）：躺平反應會在面臨逆境與壓力時，出現放棄和挫敗的感受。呈現出來的是缺乏動力或能量，無法對抗挑戰，這通常是源自絕望感或習得的無助感。諸如長期壓力或持續暴露於惡劣景況等心理因素，可能會引發這類反應。以下是一些應對策略：

- 練習自我疼惜，並且質疑造成挫折感的自我挫敗想法。
- 把任務或目標拆分成較小、較容易達成的步驟，來提升信心與動力。
- 從事能帶來喜悅和滿足的活動，即使這些活動似乎很微不足道。
- 讓身邊充滿認同你的價值與潛能並且支持與鼓勵你的人。

要記得，若想了解自身的壓力反應並且逐步掌握這些反應，自我覺察是最大的關鍵。當我們培養出自我覺察能力，我們會和自身的想法、情緒以及身體感受更同步，而這些通常都是壓力的初期指標。透過留意這些內在的訊號，我們可能洞悉自己通常如何回應壓力來源。

透過這樣的覺察力，我們能夠辨識自身的壓力反應模式，例如反覆出現的想法、身體緊繃感或者情緒的反應。了解這些模式能讓我們察覺何時開始感受到壓力，避免壓力引發的反應升高到一發不可收拾。

一旦我們能覺察自身的壓力反應，我們就能夠開始探索底層的觸發因素，與造成這些反應的根本原因。這可能涉及了回顧過去經歷、辨識特定的觸發因素，或者尋求外部支持。

在投入了時間與耐心後，我們必定能學會適當地回應壓力，而不是受到過去的創傷影響，只能無意識地對壓力做出反應。

# 3

# 紅旗、綠旗、米色旗

## 無所不在的訊號！

安娜亞（Ananya）一邊看著手機，一邊無意識地咬著筆。她在等待馬達夫（Madhav）的訊息。已經過了一個小時，他都還沒回覆，這時，關於她頁面上所有 Instagram 貼文的記憶都湧了上心頭。

她不知道該怎麼辦。馬達夫和她打從七歲參加了同一個數學家教時就認識了。他們兩人看著彼此成長，而且有著類似的求學過程。兩人都選擇商學院，而且就讀同一所大學。兩人是朋友，關係更甚於情人。但在最近，兩人之間的氛圍改變了。關係感覺有所不同，安娜亞也感受到了。他談論自己的生活和未來的方式看似非常親密且脆弱，而安娜亞也對他敞開心房……但並不像她對維黛希（Vaidehi）敞開心房那樣。女性友人之間的關係總是不太一樣，對吧？她是這樣說服自己的。

但爲什麼馬達夫一個小時沒有回覆訊息會讓她如此心慌呢？或許維黛希能幫得上忙？

安娜亞打電話給維黛希，只響了一聲維黛希就接起來。「爲什麼馬達夫不能像你一樣？」安娜亞悲訴道。

「爲什麼？他怎麼可能像我一樣？那個魯蛇！」

維黛希一直都不喜歡馬達夫。現在安娜亞跟他很親近，她再也受不了他。「你爲什麼要那樣說？」安娜亞怒沖沖地回道。

「算了，怎麼啦？」

「我想要聊馬達夫的事。他一直沒回我訊息，我們計畫星期六去看電影的。」

「星期六？我們不是約好要去逛跳蚤市場？」

「跳蚤市場？」安娜亞完全忘了她和維黛希的計畫。「我們可以星期天去，好嗎？」

「但我們先約的耶，你說你沒事的。」維黛希聽起來很生氣。

「不過，寶貝，是這樣的……馬達夫其他天都沒空啊。」

「好吧，我們可以星期天去逛，如果我那天沒事的話，我們就去逛。」維黛希漠然地說，

「但是，安娜亞，聽著，馬達夫是個大紅旗啊。」

「爲什麼？你爲什麼一直都要說他的壞話？」

「我只是關心你這個朋友，就這樣。那傢伙不對勁……反正，我星期六再跟你說星期天的計畫，好嗎？」

「好。」安娜亞掛了電話。維黛希沒幫上忙。還有誰能跟她聊馬達夫呢？維黛希之前一直都很支持著她的。要是她說對了呢？要是馬達夫是個活生生的紅旗警訊呢？

沒回訊息？紅旗警訊。不溝通？紅旗警訊。有很多朋友？紅旗警訊。長髮、輪廓分明的臉龐？紅旗警訊。

「什麼是紅旗警訊？」會這樣問的話，等於是告訴我說你完全沒在使用網路。

紅旗——這是網路約會世界的流行用語。

儘管原本是軍隊和武裝部隊的用語，用來提示危險，但現在紅旗主要用來標示或辨別一個人有問題的行爲，提示應該避開此人，更別說和這人陷入糾纏不清的關係中。

熟悉紅旗的概念是很好的。這標誌有時可做爲急需的提醒來反駁你的正向偏誤（positivity bias），特別是在剛認識一個人的頭幾天或頭幾個月中。你或許會問，什麼是正向偏誤呢？嗯，我們在一開始認識一個人的時候，我們可能會只看到好的部分，因而變得非常盲目，結果完全否定或忽視了不好或令人不快的部分。我們在一段新的關係中，就像戴上了粉色濾鏡，一直沉浸在關係初期的蜜月階段中。儘管樂觀與欣賞有助於建立關係，而且可以在之後關係變得艱難時，協助我們與伴侶繼續走下去，然而，我們依舊必須要保持平衡，因爲，在許多情況中，隨著新鮮感褪去，我們的粉色濾鏡就拿掉了，結果才發現兩人之間存在著先前沒意識到的重大差異，儘管我們或許還能夠忍受。

話雖如此，我們很容易就可能深陷在紅旗的誘惑中，因此有識別能力是必要的，稍後會再來談這部分。

紅旗描述了一個人身上某種你需要小心以對的特質。以下是一些可能被標示紅旗的一般行爲，或者需要留意的行爲方式：

- **缺乏溝通**：難以開誠布公地溝通，可能暗示了有些底層的問題。溝通能讓關係發展茁壯，但如果在認識之初，你就看到了在溝通上退縮或者溝通態度不一致的跡象，很有可能你就必須在這一塊格外努力。如果兩人較少溝通，或許還不至於立刻破局，如果其中一人願意溝通但另一人完全封閉自己或者不喜歡表達自己的想法和感受，那就會是不適配的關係。
- **控制行爲**：這指的是在關係中試圖操控或支配決定與行動，包括評論或直接控制你的穿著、飲食，或許還會持續監視你的行蹤，爲你做決定，不考慮你的意見，指揮，命令，這些全都是這類紅旗警訊的一部分。不論你是不是喜歡這樣的特質，這肯定是個大紅旗。
- **缺乏信任**：持續的嫉妒、猜疑，或者經常需要伴侶再次保證，可能顯示出信任問題。信任可以使關係更強健，但信任需要時間和持續一致的行動來建立。人們會缺乏信任，有個很大的因素是先前的糟糕經歷所致。當一個人沒有積極努力去消化過去遭到情人、朋友甚至家人背叛的經歷，就會在他們的心理上產生不信任感。結果就是，他們可能會經常想要確定他們這次不會再受傷。在這樣的情況中，關係之初就清楚且直率地表達需求與過去經歷是有幫助的。但這些過去的負面經歷並不能作爲一直質疑新關係的藉口。這是對另一個人的不尊重，而且這對於需要經常再次保證的人來說也是非常累的。建立信任是互相的過程，而且是需要時間的。但如果其中一個人打從一開始就一直害怕會被背叛，儘管這段關係甚至還沒有發展到給予承諾的階段，就想要一再獲得保證，那麼那人很可能過去的傷害未被療癒，可能還沒眞的準備好投入一段關係中。

- **孤立**：這包括鼓勵或經歷脫離朋友和家人，以及限制社交互動。這是個很大的警訊，然而，在大部分情況中都是不知不覺發生的。在關係中的孤立指的是刻意鼓勵或經歷遠離朋友和家人，因而限制了重要的社交互動。這個紅旗警訊的特性包括試圖控制和操縱一個人的社交圈，通常是受到想要支配他人或施加影響力的欲望所驅動。呈現出來的行爲可能有勸阻社交活動、創造與朋友和家人的衝突，或者暗中貶損外部關係的價値。當然啦，了解內向和孤立之間的差異是很重要的。內向行爲是一種偏好獨處的個性特質，而孤立行爲則是刻意讓自己遠離他人。兩者之間的主要差異在於意圖。孤立通常目的是要讓這段關係或我們的伴侶成爲唯一的支持系統，確保你是完全依賴他們的。
- **無視界線**：這包括了忽視個人界線，或者施壓某人做違背他們意願的事情。這情況比我們認爲的更常發生，例子包括施壓某人去投入一段關係中，儘管那人已經表達了他們的擔憂或界線，仍會被用威脅或強迫的方式來得逞，例如威脅要分手或者冷戰直到他們得到想要的，或者強迫一個人進行他們覺得不自在的性行爲，或者向他人分享親密的細節（性經驗、私房祕密）。事實上，界線可以分成四大領域：

❑ **身體界線**：侵入個人空間、不請自來的肢體接觸，或者忽視明確的保持距離請求。

❑ **情緒界線**：伴侶可能忽略或無視另一人設下的情緒界線，強迫親密關係或不經同意討論敏感話題。

❑ **隱私界線**：侵犯個人隱私，例如翻看個人物品，或者未經許可取得個人資訊，這反映出公然地漠視界線。

❑ **時間與獨立界線**：要求過多的時間、控制一個人的行程、或者阻止獨自的活動，可能侵害了為個人自由和個人追求所設下的界線。

• **持續挑剔**：經常性的否定、批評或貶低的行為。持續的批評，看起來可能會像是對伴侶的經常性負面回饋、不斷地批判和貶低的行為。不斷的否定創造了一個使正面元素遭到忽視的環境，造成持續的不滿與緊張感受。批判的言詞是這種模式的標誌，關係中的其中一人可能會以高高在上的姿態，持續指出可見的瑕疵、錯誤或缺點。這類行為可能導致更嚴重的情緒痛苦，造成關係中的戒心與怨懟。這可能會對個人的自尊帶來長久的衝擊，造成有害的關係動能，被貶低的伴侶可能持續感覺不受肯定與不被欣賞，使得他們可能試著隱藏自己。另一個人則是感到優越，感到有力量控制伴侶，而且這些感受會更強化他們的行為——持續抱怨並且享受伴侶為了討好他們而付出的努力。

- **情緒無能**：情緒疏離、漠然無反應，或者態度輕蔑的伴侶。

情緒在關係中扮演了非常重要的角色。然而，有些人在關係中尋找各種東西，但就是不想要關係中的情緒責任。這感覺就像是不想要展現情感但仍期望要有身體上的親密，想要忠誠但並不準備做出承諾，無視伴侶的情緒，以及在關係中無法提供情緒支持。可以把這想像成一個人老是想要派對狂歡，但從來都無法忍受安靜的漫漫長夜或深度的交談。這種朋友很有趣，或許出發點也是良善的，而且肯定感覺起來像個好朋友，但他們實際上只看過你好的一面，而這也逐漸讓你懷疑，他們是不是只能接受你的那個面向，但不能接受完整的你。情緒無能的伴侶也有類似的情況。情緒無能的伴侶有可能很難提供慰藉或理解。這有可能導致尋求情緒連結與支持的伴侶感到孤立和挫折。畢竟，一段關係並非只是關於有趣的餘興派對，同時也是關於陪伴在身邊處理派對後的頭痛問題，不論那聽起來或看起來可能有多麼不吸引人。

- **劇烈情緒起伏**：情緒在極端的高點與低點間擺盪，衝擊到關係的穩定性。健康關係的一個指標就是關係的穩定性。和一個能夠理解、接納和慰藉我們的伴侶在一起會帶來穩定感。我們可以依靠這伴侶，並且感受到對方的支持，而我們也會努力去支持他們。想像一下這情況：擁有一個伴侶，當你給他們驚喜時，他們會超級興奮、快樂、開心至極——他們會說最甜蜜悅耳的話語，準備要和你共度餘生——但當事情不如他們的意（可能是你忘了他們最喜歡的顏色是什麼），他們就會質疑整段關係，威脅要離開你，或者甚至是失聯好幾天或好幾個月。什麼鬼？你會作何感受？你可能會覺得很困惑，可能會責怪自己，可能會覺得有罪惡感，而且可能會覺得像是被偷襲了，無法理解他們的行爲。就算你們兩人和好了，發生過的這些事情可能會讓你很擔心害怕，導致你會小心翼翼地避免惹怒你的伴侶，結果就是會傷害了你自己也傷害了關係。在極端的情緒高點和低點之間擺盪，會在關係中造成全面的不穩定感。伴侶可能會覺得非常難以預測和適應那種情緒起伏，那種情緒起伏會導致溝通破局以及難以維持穩定和支持的連結。

• **缺乏責任感**：好的，咱們現在來聊聊另一個特質——爲什麼拒絕爲自己的行動負責，並且把問題怪在別人身上，會是一種紅旗警訊行爲。這聽起來或許像是個低調的紅旗，但相信我，這特質是個很重要的影響因素。想像一下：有人搞砸了，但他們不但沒說「是我的不好」，反而是指責別人。想像一下當你試著要處理問題，另一個人卻只會怪罪他人。這顯示出，那人並不願意承認自己在相關問題中的作爲，反而比較樂意逃避付出努力。這種缺乏責任感是個狡猾但強大的紅旗。若忽視這訊號，可能會發展成嚴重的問題。這特質是很微妙的，但會打擊信任感，可能造成防備心，而且可能讓你感覺不受到支持。若沒有責任感，問題就不能解決，大家都會困在責怪的迴圈裡。關係中的眞正成長和幸福，來自一起面對處理問題，負起責任，並且找到解決方案。因此，如果你在任何時刻瞥見「責怪遊戲」在進行，就要停下來想一想：這是否有助於我們成長，還是只會讓我們被困住？那可能只是一件小事，但儘早處理可以讓你在這段關係在未來的路上免去許多的頭痛狀況。

- **隱匿財務狀況**：想像一下你和浪漫伴侶正想把關係更進一步，但突然間出現了情節反轉，你面臨到隱藏的財務交易或你的伴侶沒透露過的債務，這可能會帶出一個巨大的障礙——在財務狀況上缺乏透明度。在往承諾發展的認眞關係中，維持財務狀況的透明度是至關重要的事情。這件事很重要，是因爲這會建立信任，校準共同目標，並且讓伴侶有所準備一同協作面對挑戰。不過，我也了解談到錢並不是那麼浪漫或讓人興奮，但要建立共同的人生必然會面臨一些挑戰，並不會一路都是光明燦爛的。建立共同的人生需要強勁的信任基礎。財務透明是促進信任的一項關鍵元素，能夠確保伴侶兩人在錢這件事情上是有共識的。隨著關係深化，共同的夢想與目標也會深化。關於財務狀況的開誠布公討論，能夠校準目標，爲共同的計畫鋪路，協助一同達到里程碑。透過爲開誠布公的財務討論創造安全的空間，伴侶們可以培養出一個融洽且有韌性的環境。長期關係的品質和伴侶如何處理財務問題息息相關，因此務必將透明性列爲計畫共同未來時的必要元素。

- **未解決的衝突**：這指的是一再地逃避或沒能化解衝突，導致持續的緊張狀態。大部分的人都害怕衝突，而這可能是最直截了當的紅旗警訊。但事實是——衝突並非必然的壞事。不過，未解決的衝突就不是好事了。在任何關係中，衝突本身都是自然且通常無法避免的面向。衝突來自觀點、需求和預期上的差異。關鍵在於你如何處理與化解這些衝突。衝突在本質上並非壞事，因爲衝突可能是成長與理解的催化劑，爲兩人提供表達自身需求、分享觀點，和向彼此學習的機會。但衝突若持續且沒被解決，通常就會惡化，造成情感疏離和怨懟。未解決的衝突可能造成問題會反覆浮現的環境，導致不滿的循環，損害整個關係的品質。一個不負責任的人會造成這些未解的衝突揮之不去，因爲他們可能不會爲自己的行動負責，使得問題持續。同樣地，一個防備心強的人可能會讓衝突升高，把衝突變成了不斷重複上演的爭鬥，而不是化解問題的機會。很重要的是要認知到，面對衝突的方式是非常重要的——從使用的語調，到挑選的時機，再到清楚表達的藝術。在處理衝突時帶有責任心、開誠布公、並且願意找到共識是關鍵所在，能夠把可能的緊張狀態轉變成關係中成長與理解的催化劑。
- **不尊重**：持續不尊重一個伴侶的感受、意見或價値觀。關係中的不尊重可能有各種不同的形式，辨識這些行爲，對於維持健康伴侶關係是非常重要的。想像一下一對伴侶正在討論週末計畫的情境：

❑ **言語上的不尊重**：其中一人反駁另一人的建議，而且用的是挖苦的言詞，貶低他們的選擇，完全不顧他們的感受。

❑ **否定感受**：在認眞的討論中，其中一個人否定另一人的擔憂，認爲他們是反應過度或太過敏感了。

❑ **忽視或築高牆**：其中一人非但沒有處理問題，反而拒絕進行對話，造成情感疏離，並且封閉溝通管道。

❑ **隱瞞資訊**：在做重大決定時，例如計畫一同度假，沒有事先詢問或告知另一人。

❑ **當眾羞辱**：在朋友或家人面前，批評伴侶的選擇或行動，或者做出貶低的評論。

❑ **財務上的漠視**：在沒和伴侶討論的情況下購買高價物品，無視伴侶在財務方面的意見或擔憂。辨識這些跡象，對於及早因應不尊重的情況非常重要。開誠布公的溝通、設下明確的界線，以及理解彼此的感受與觀點，對於維持彼此尊重且一同成長的關係是至關重要的。

- **虐待**：任何形式的身體、言語或精神虐待，都是明顯的紅旗警訊。很重要的是要了解各種虐待形式的差異。

❑ **身體虐待**：涉及任何使用力量造成身體傷害的情況，或者任何形式的身體暴力。也包括像是控制身體行動、強制約束，或任何可能造成身體傷害的行爲。

❑ **言語虐待**：涉及使用尖銳或貶低的語言、羞辱、謾罵，或刻意透過言語來造成情緒痛苦，這可能包括經常性透過言語來進行批評、羞辱或威脅。

❑ **精神虐待**：涉及非肢體的行爲來進行控制、操弄，或損害伴侶的情緒健康，這可能包括情感操控、孤立、威脅，或任何打擊伴侶自尊和心理健康的行爲。

很重要的是，要留意身體虐待是最容易辨識的，因爲是清晰可見的，精神虐待則是較隱蔽的，較難辨識的。精神虐待可能包括操控、經常性批評，以及打擊一個人的自我價值等，這類手法並不會留下可見的傷痕，但會造成深刻的心理傷害。需要高度的覺察，才能發覺精神虐待，這也突顯出需要有謹慎且支持的環境，才能讓受害者願意走出來尋求協助。迅速處置任何形式的虐待，對關係中個人的安全與健康是非常重要的。

• **欺騙模式或經常的前後矛盾**：想像你從店裡買了一盒拼圖，你很期待著要完成這份拼圖。你很投入在這項活動中。進行到一半時，你意識到拼圖缺失了幾塊。你感覺到拼圖少了幾塊，但你並不確定。不論你多努力嘗試，你似乎就是無法找到一些缺少的拼圖。但你繼續嘗試尋找，因爲你知道還剩下一些拼圖，在拚到最後一片之前你不會眞的知道。但這個應該要讓你開心和輕鬆的活動，現在卻讓你感覺到焦慮，還有點苦惱，而且讓你一直都很困擾。這正是關係中反覆的不誠實、欺騙，或隱瞞生命中重要的面向，會對關係中的另一方帶來的影響。當關係中其中一方的反覆欺騙或者無能維持前後一致的言行，因而損及關係中的信任，會形成一個有害的環境，對關係的健康造成長久的影響。信任是任何成功伴侶關係的基石，由於欺騙模式而造成持續缺乏信任，可能導致情緒困擾，並且損害了關係中兩人的整體健康。健康的關係建築在誠實與可靠的基礎上，而這也是重視誠實且想要感覺安全和安心的人需要用心留意的事情。

- **價值觀不合**：這是非常重要的一件事。但我們有許多人都太過專注在其他事情上，而這項因素就算有被提起，也是在關係非常晚期才被提出來討論。想像一下這情境：其中一人夢想著遊牧的生活型態，想要探索世界，而他們的伴侶則想要在一個溫馨的小鎮定居下來。這些價值觀的差異可能展現在各種不同的面向上，例如家庭、事業、宗教，甚至是對某些美德的重視程度。當價值觀不合時，可能造成持續的關係緊張，讓關係很難開花結果。價值觀、目標或生活中優先考量的事項，若有根本的差異，會導致關係中的許多問題。那通常會導致溝通破局，因為兩人在生活中的根本面向上緊抓著不同的觀點。價值觀的差異也可能觸發在生活中優先事項上的衝突，例如職業志向或工作與生活平衡的重要性等，這些衝突會造成持續的緊張。家庭計畫偏好的差異可能是另一個壓力的來源，影響到關係的發展方向。此外，宗教或文化價值上的衝突也會造成日常的摩擦，特別是涉及傳統與慣例時。職業抱負和地緣偏好可能帶來更多的挑戰，因爲伴侶們可能很難找到讓兩人都滿意的折衷方案。最後，由於價值觀差異，造成花錢習慣與未來計畫等財務上的意見不合，可能引發持續的爭端。因此，很重要的是要謹記這一切，而不是純粹受到多巴胺和催產素的影響。

有件很重要的事情是大家都要知道的：辨識關係中的紅旗警訊是個主觀的過程，根據個人的價值觀、經歷和偏好，每個人的過程都會有所不同。對某個人來說是紅旗的特質，可能並不會引起另一個人相同的擔憂。那就像是每個人都有獨特的濾鏡，而我們都是透過這濾鏡在詮釋行爲與行動的。

這就要提到另一種很重要的訊號——綠旗。

就如同紅旗是需要辨識並謹慎看待的行爲，綠旗則是一個人展示的理想行爲，是無須擔憂的。這類行爲能夠確保關係的健康與持續性。

若要探索這部分，那麼與自身的綠旗訊號同調是非常關鍵的——也就是與你的價值觀相符且能促進關係健康的正面特質與行爲。知道自己想要什麼，就和辨識自己不想要什麼同樣重要，這涉及到反思你的價值觀、優先事項，以及一段關係中所有讓你感到滿足的特質。

了解你的綠旗，讓你能夠建立一個正面的架構，藉此來評估潛在的伴侶。這不僅能協助你辨識紅旗，同時也能積極地尋找與欣賞有助於強健、支持與滿足關係的特質。透過理清你渴望的特質，你也會爲自己賦予力量去做出符合自身目標的選擇。

以下是一些能夠大大促進健康可持續關係的個人綠旗特質：

- **良好溝通**：積極傾聽、清楚表達自己的伴侶，而且會進行開誠布公且尊重的溝通。
- **尊重**：尊重且重視個人界線的伴侶，會創造自主與相互尊重的感受，在個人世界與兩人共處之間取得平衡。
- **支持**：鼓勵並支持個人目標與抱負的伴侶，會培養成長與自我探索的環境，允許伴侶的個人發展與兩人共同的發展。
- **一致的核心價值與人生目標**：這會創造共享體驗的基礎，以及對未來的共同願景。這會是降低生命中各個根本面向可能衝突的關鍵因素。
- **情商**：展現高情商的伴侶，能夠表達同理、理解和有效的情緒調節。光是情商的因素便能促進情緒親密、創造支持的氛圍，讓伴侶兩人均感覺被理解與被重視。
- **化解衝突**：有能力有建設性地化解衝突，聚焦在找到解決方案而非讓爭端升級，藉此讓兩人的連結，發展成能夠經受挑戰並且在逆境中成長的穩定關係。
- **分擔責任**：分擔日常任務與做決定的責任。伴侶有平等和公正的概念，能夠促進夥伴關係，避免可能的怨懟，創造一個平衡且協作的關係。

我希望這會讓你更容易在可能的連結或伴侶身上，尋找所有你想要的理想行爲。但我們面對的是人生，而人生很少是如此黑白分明的，也就是，並非總是非紅即綠的。

所以，還有另外一種訊號是你絕對必須要知道的——米色旗。

是的，你沒看錯。米色旗就是介於兩者之間的訊號，是你的伴侶擁有的那些怪異的個性特質，雖然會讓你有點疑惑他們的選擇，但還沒有紅到足以讓整段關係玩完了。這類特質就好比是吃每種東西都要加番茄醬、吃飯不配扁豆、吃餅乾要泡水而不是泡牛奶、喝茶不加薑或豆蔻、衣櫃裡只有兩條內褲、在交友自介上放狗狗的照片等等。又或者像是偶爾在溝通上或回應上的延遲，這可能顯示出對關係投入程度的差異、長期目標有些微出入或需要釐清彼此的優先順序，又甚至是偶爾的誤解或不清晰的溝通，而你們倆已經創造了安全的空間，當兩人準備好時，能在這安全空間內釐清這類的誤解和不良溝通。

米色旗是從社交媒體上火紅起來的，我也挺喜歡這種區分方式。這可以點出關係中不是只有紅旗或綠旗，還包括了我們作爲人類都必須要適應的怪癖。我們都不完美，也不應該期待伴侶是完美的。我們的關係是持續進化、混亂，又美好的希望、夢想與情感，因此，何不把一些我們並沒有特別喜歡但又能試著接受與共處的行爲正常化呢?因爲在整個關係中還有許多我們重視和喜愛的東西啊。米色旗是關係中溫柔的提醒,教導我們擁抱流動性,自在面對人類互動中的各種細微差異。

米色旗也突顯出偶爾的古怪特質或一些小小的問題,或許是一些奇特的行爲,或者任何關係中都會有的一些不是那麼完美的時刻。重點在於要認知到,這些小事未必會定義或危害了一段良好關係的整體品質。相反地,這些事情反而提供了理解、成長與接納的機會。米色旗鼓勵著我們去探索關係中所有複雜的面向,提高我們的韌性,並且突顯出不完美是關係中很自然且微妙的一部分,使得每一段關係都更顯獨一無二。米色旗教導我們要更寬容、理解並且欣賞這段旅程,認知到偶爾的古怪或小問題,並不會削弱一段美好、健康、持久關係連結的整體力量。

「嘿,抱歉這麼晚才回訊息,我睡著了。打完板球眞的很累。」安娜亞的手機螢幕亮起了馬達夫的訊息。

安娜亞還沒看到訊息。她在忙著搜尋馬達夫是不是個紅旗。

兩個米色旗是否會彼此抵銷呢?我想,只有時間能證明了。

## 對你的關係連結做自我評估

這份問卷是設計來協助你洞悉自身關係的互動狀態。透過回答「是」、「否」、「或許」，你就能夠評估自己的關係是否顯現出綠旗、紅旗或米色旗。

附註：這份自我評估是反思的工具，但不能取代專業建議。誠實地回答才會有幫助。

如何給自己的回答計分：

- 是：每個「是」的回答可以得到兩分。
- 或許：每個「或許」的回答可以得到一分。
- 否：每個「否」的回答則得到零分。

關係評估提問：

- **溝通**：

甲、你是否感覺有被你的伴侶聽見和看見？

乙、你的關係中是否有開誠布公的溝通？

丙、意見不合的情況是否被有建設性地處理？

- **信任：**

甲、你是否全然信任你的伴侶？

乙、關係中是否有過任何破壞信任的情事？

丙、你在關係中是否感覺安全？

- **共同價值觀：**

甲、你和伴侶是否有著相似的價值觀和人生目標？

乙、你們的價值觀和優先事項是否存在根本的差異？

丙、你們是否一同討論過長期計畫？

- **化解衝突：**

甲、衝突是否以健康且尊重的態度解決？

乙、爭吵是否升級成傷人且有害的行為？

丙、是否存在全然逃避衝突的模式？

● **優質時光：**

甲、兩人是否定期共享優質的相處時光？

乙、是否有定期心情交流時刻？

丙、是否一同從事能帶來快樂的活動？

解讀：

● 零分至十分：紅旗——可能存在重大擔憂，建議立即留意。

● 十一分至十五分：米色旗——有些隱約的憂慮，或者可能存在能夠改進的部分。建議積極加以處理。

● 十六分至三十分：綠旗——你們的關係顯然有正向的部分，而且走在健康的道路上。持續的滋養與溝通是關係長期成功的關鍵。

# 4

# 創傷綁定的成因與症狀

「她是醫生，你知道嗎？我完全無法想像她怎麼能夠忍受這一切啊。」

波南（Poonam）的電話響起。她毫不猶豫轉成靜音，繼續偷聽她身後在進行的對話。

「……而且當我坐在那裡，夏里妮（Shalini），你絕對想像不到，她老公回家了。我正在喝茶，而且她也在和我輕鬆地聊天，她的小孩……我的天啊，那個可憐的小女孩，非常可愛，主的恩賜，我坐在那裡吃著餅乾，你也知道她的房子，很漂亮，維持得很好……」

「是的，是的，我知道，」夏里妮說，「繼續講，她老公回來了，然後……」她敦促著她的朋友繼續說。

「對，她老公走進來，他自己有一副鑰匙……然後曼珠（Manju）的臉色就垮下來了，她站起來，趕忙去幫他拿飯盒和包包……我之前見過他幾次，所以我說了聲『嗨，你好』……他根本沒看我一眼……他喝醉了！我百分之一百一十確定。」

「然後呢，然後呢……」

另一個女人停下來啜飲一口咖啡。「然後呢，就上演了全面的寶萊塢劇場……曼珠跟我說『妮莎（Nisha），你坐一下，我去問一下他想吃什麼，他今天回來得早一點。』她趕忙進到屋裡，然後我轉頭看著那小孩，跟她講話。她才一進到裡面，我就聽到裡頭拉高了嗓門，對，我想他在對她大小聲，我心想，拜託，有客人在耶，你才剛回家，不能等一下嗎？夏里妮，我覺得很尷尬，超尷尬的……所以我開始跟他們的小孩講話。我問她說：『你叫什麼名字啊？』夏里妮，你知道她說什麼嗎？『媽媽和爸爸又在吵架了。』喔，我的天啊，無法想像曼珠和個酒鬼一起生活是什麼樣子。」

夏里妮也認同。

波南又被她的電話干擾了。是她的丈夫打電話來。她考量了一下是否要接起來，然後就決定忽視這通電話。她想要知道曼珠發生了什麼事。

「……但曼珠也可能做錯了什麼事，」波南可以聽到夏里妮這樣說，「也許她有外遇或什麼的。她在大學時就有好幾個男朋友，還記得嗎？她是我室友的好朋友，所以經常來我們的寢室，每次都是在談論男孩子。『拉胡爾（Rahul）送我玫瑰』、『斯瓦姆（Shivam）送我巧克力』，而且還會在宿舍裡分發起來，眞的很愛炫耀。」

另一個女人也認同。「可能吧，不過呢，可以看得出來她很不快樂。我並不知道細節，但是，天啊，我再也不要單獨去她家了！」

「我可以和你一起去。」夏里妮說。

「好，下次我們一起去。」

「反正，我希望她能開心。我們只是擔心，對吧？她是醫生。究竟誰會在結婚後辭掉醫生工作？現在她完全要依靠老公，一定很辛苦，對吧？」

「你說的沒錯，但別再討論這話題了。咱們來點大蒜麵包吧，你要一起分著吃嗎？」兩個女人繼續聊天。波南則獨自陷入沉思。

她端起咖啡到唇邊，她的卡布奇諾整個都涼了。她的電話再次響起。是她丈夫打來的。她接起來，還沒等她說話，她丈夫就在電話那頭大聲說：「你他媽的跑哪去了？」

波南臉都紅了。她覺得咖啡廳裡的每個人都聽到了他的聲音。她趕緊調低電話的音量。他繼續說：「你到底在哪裡？爲什麼他媽的不接我電話？你在哪裡，波南？」

「我在路上了，拉吉夫（Rajeev），我一個小時內會到家。」

「半個小時就回來，我等你。」

波南掛上電話，偷偷環顧四周。他們有聽到拉吉夫大小聲嗎？在她偷偷看了一圈後，鬆了一口氣。沒有人在乎，沒有人關心。每個人都在自己的世界中。她舉起手要埋單。

波南離開了咖啡廳，拉著她的小行李。

拉吉夫當然不知道她的計畫，所以她打算把行李寄放在警衛室才進屋裡去。

警衛看到波南時向她行禮。「夫人，先生很生氣，他很擔心你。」

波南微笑著說：「我現在回來了，不是嗎？」

「是的，是的，夫人，你今天爲什麼不開車呢，夫人？先生也在生潘迪（Pandey）的氣。」

「山達（Sunder），我把這個包包放這裡，蘇詩瑪（Sushma）明天早上會過來拿，可以嗎？」

「好的，夫人，沒問題。」警衛山達回道。

波南拖著步伐走上大理石台階。這大理石台階總是一塵不染，這是從義大利進口的特殊大理石，表面有高級的保護層。哈吉夫非常不能忍受塵土。就算有一小粒灰塵也會讓他大發雷霆。很有趣，波南自己這樣想著。

她才走到門前，門就打開了。拉吉夫穿著黑色絲質長袍站在那，手裡拿著香菸，而且已經開喝了。他親吻了她的唇。「寶貝，我很擔心……」

「我知道，我應該儘早接電話才是，對不起。」

「沒關係，親愛的。你知道他們怎麼說嗎……愛情是一座深邃的高原，何時才會從黑暗中升起？」

波南微笑著。「好深奧。」她漠然地說。

拉吉夫已吩咐擺設好整個餐桌，上頭有蠟燭和玫瑰。波南只是站在那裡，無法理解她所處的環境。

「我想說，你可能會喜歡這個驚喜，波南。」他在她耳邊輕聲說。她脊背發涼。她已經想像到接下來會發生什麼。一整晚激烈、熱情、無與倫比的性愛。她會張開雙腿，四周都是柔軟的玫瑰花瓣，以及昏暗的燭光，而拉吉夫則在她上方，既猛烈又粗暴。他們會像兔子般瘋狂做愛，最後感覺氣喘吁吁且口乾舌燥。

波南顫抖著，閉上了雙眼，焦慮且興奮地想著這一切。

幾小時後，她從木桌上下來，雙腿站不太穩，背部、手掌和膝蓋都在疼痛。但最嚴重的是，她很口渴。做完後覺得口渴是正常的嗎？她不知道。她之前都沒這麼口渴過，但她現在真的很渴，這讓她很害怕。她把水瓶拿到嘴邊。

「我好愛……」拉吉夫的聲音出現在她耳邊，嚇了她一跳，在那一瞬間，手上的水瓶掉到了地上。扎實的一巴掌也把她打趴在地上，她很神奇地是往另一邊倒，避開了地上散落的玻璃碎片。

她倒在地上，思緒漂流著。廚房一直都是她的安全空間，當她父親與母親吵架時，都是她在安撫弟弟妹妹們。然後，媽媽在處理傷口時，她會坐在媽媽身邊，有時是幫她拿紗布和油，有時則是拿薑黃。她還記得保母桑塔（Shanta）阿姨會幫忙照顧她媽媽，但她媽媽是個自尊心強的女人，從來都不讓任何人介入協助她和丈夫之間的事情。她從沒說關於她爸爸的壞話，而且一直看似很理解。喔，她多希望自己能像母親一樣。她很努力嘗試過了，但眞的很困難。

拉吉夫是她自己的選擇。是她選了他。她選擇了全部的他，是吧？婚姻是很困難的。「婚姻需要耐心和犧牲。」她媽媽的話迴盪在她耳裡。

桑塔阿姨現在已經被蘇詩瑪給取代。蘇詩瑪在掃廚房地面的碎玻璃時，偷偷地看著波南，而波南則在廚房裡隨意走動，一邊煮著咖啡。

你一定很疑惑，爲什麼會有人願意承受這樣的事情。正確的做法就是要離開，離開這段關係，離開這段婚姻。爲什麼有人會願意和施暴的伴侶在一起？

容我說明一下。你有聽過斯德哥爾摩症候群（Stockholm Syndrome）嗎？那是個心理現象，乍聽之下可能很奇怪，但我們的頭腦是很神奇的，當面臨困境時，有可能會以意想不到的方式做出回應。

一九七三年時，瑞典斯德哥爾摩有一樁瘋狂的銀行搶案。搶匪控制了人質，而不可思議的事情發生了。經過一段時間，人質開始對控制他們的搶匪產生同理心與正向的感受。心理學家把這情況稱作「斯德哥爾摩症候群」，藉此來描述俘虜者與被俘虜者之間形成的特殊連結。

斯德哥爾摩症候群就像是心理上的生存機制發揮作用。當某人被俘虜或面對長期的壓力時，他們的大腦可能會對自己施展一些花招。

一、**認知失調**：想像一下——你的大腦並不喜歡不一致的情況。因此，當被俘虜者同時經歷了來自俘虜者的仁慈與殘酷，就會產生一種心理衝突叫做認知失調。爲了應對這種失調情況，大腦就會開始合理化俘虜者的行爲、爲他們尋找藉口，甚至會認同他們的觀點。

二、**正向強化**：這是一種劇情翻轉——俘虜者有可能給予些許的仁慈。可能是分享一份三明治，或者是和被俘虜者閒聊。這些微小的正向舉動，會造成被俘虜者頭腦的困惑，使得他們開始認爲俘虜者也不是眞的全然地邪惡。這就像是一場情緒乒乓球——一會兒殘酷，一會兒仁慈。

三、**情感連結**：大腦喜愛連結。當人質感覺到俘虜者似乎展現出理解或同理，他們就會開始形成情感連結。那就好像是他們的頭腦在說：「嘿，或許他們眞的沒有那麼壞。」這種連結成爲了在創傷情境中求生存的因應策略。

四、**自我保護**：聽我說——斯德哥爾摩並不是關於被俘虜者愛上了俘虜者，而是關於生存機制。透過發展正向情感，被俘虜者可能相信他們的生存機率會因此升高。他們的大腦以很扭曲的方式，嘗試在糟糕的情境中找到最好的生存方法。

關係中的創傷綁定（Trauma Bonding）很類似斯德哥爾摩症候群，但還是有些差異。這個概念是由心理學家唐納德・達頓（Donald Dutton）和蘇珊・佩因特（Susan Painter）所提出（「虐待關係中的情感依附：創傷綁定理論測試」〔Emotional Attachments in Abusive Relationships: A Test of Traumatic Bonding Theory〕發表於《暴力與受害者》〔*Violence and Victims*〕期刊，1993）。這是個複雜的心理現象，發生在當一個人與對他們持續施暴、虐待或創傷的人，形成了強烈情感連結之時。斯德哥爾摩症候群通常是發生在短暫的人質挾持場景，被俘虜者對俘虜者形成情感連結，作爲一種生存機制，以應對當下立即的威脅。而創傷綁定則超越了人質情境，涵蓋了虐待關係，包括持續的施虐伴隨間歇性的正向強化。兩種現象之間的持續時間、權力關係以及生存本質都是不同的，斯德哥爾摩症候群源自對身體威脅的急性回應，而創傷綁定則是在面對持續的情感或心理虐待時，所發展出來的因應策略。

有意思的是，創傷綁定有幾個明確的增強與持續階段。下頁圖表可以協助你更好地了解這情況：

你會以爲創傷綁定中的人並不知道他們的情況並不理想。不是這樣的。他們確實知道。而且他們也眞的想要跳出來，但是……這其中的眞正癥結在於正向強化。

通常，身在創傷綁定中的人會很難尋求協助，繼續深陷其中。對施虐者的心理依賴、害怕遭遺棄、自尊心低落，會讓他們難以考量離開有毒的關係。他們可能會緊抓著希望，認爲施虐者會改變，因此諮商治療也就沒有必要了。羞愧和孤立的感受，可能讓他們不願尋求協助，長時間下來，虐待行爲可能就被正常化了，進一步蒙蔽了外來干預的需求。結果就是，通常會需要外部的支持或者個人的重大醒悟，才能讓創傷綁定中的人尋求諮商協助並且開始療癒。

創傷綁定會充滿有害行爲、虐待、操控和情感操弄。然而，也會有一些好的時刻、日子、甚至星期，這段期間會充滿幸福、正向和陽光。就因爲這些時刻，讓受害者深陷在這個循環中——由

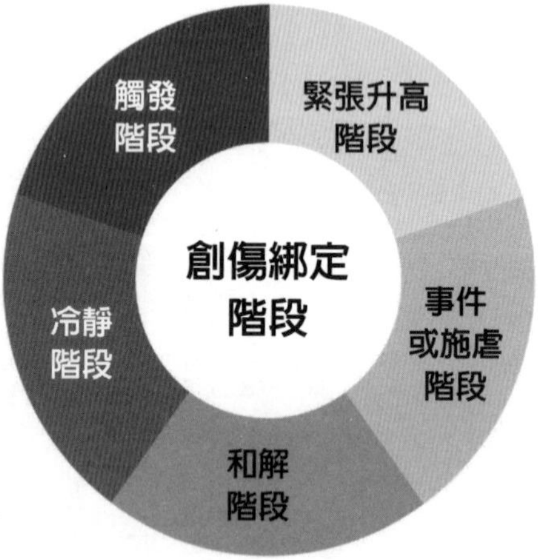


創傷綁定階段

於見證過那些正向的時刻，因此他們在糟糕的日子中會緊抓那些好日子存在的希望，期待著或許終有一天，那些好日子能夠永遠持續下去。

想像一下：在豔陽高照的時刻，你戰戰兢兢地把衣服晾到外頭，結果，突然間，在毫無預警的情況下，天空下起傾盆大雨，讓你措手不及。這樣的循環非常類似創傷綁定。一開始的正向體驗就像是太陽，在關係中給予了一絲希望和溫暖。然而，緊張氣氛就像烏雲般積聚，正當暴風雨看似無可避免之際，出現了一刻平靜——太陽探頭出來，施虐者展現出仁慈與懊悔。這暫時的緩和情況，把你引誘進虛假的安全感內。但是，就像瞬息萬變的天氣一樣，這循環又再次重演。短暫的平靜接著再次重現無法預測模式，這種欺騙的本質使人在情感上深陷於創傷綁定之中。

創傷綁定另一個非常讓人困惑的面向，就是那種幾乎無與倫比的身體親密關係。許多在創傷綁定中的人都會經歷高強度的性能量，那是他們從未在其他地方體驗到的，因此讓他們相信這段關係中有許多的愛。但現實是這樣的——在情緒可觸及狀態以及情感連結嚴重缺乏的情況中，身體上的連結成爲了尋求連結與親近感的補償途徑。情感連結的稀缺放大了身體親密的重要性，成爲眞實情感連結的虛設外表。

在創傷綁定關係中，強化的性行爲激烈程度以及過程中感受到的滿足，可以被歸因於情感依附的稀缺。個人極度渴求連結，伴隨情感分離，進而強化了身體親密的重要性。這種專注聚焦也進而強化了親密時刻的感官與情緒體驗，產生出一種放大的愉悅與連結感。這種安全與滿足的幻覺，是創傷綁定中的一種調適機制。

頭腦渴望著連結與安全，因此緊抓著身體親密的時刻做爲眞實連結的唯一來源。在這些時刻中，身處其中的個人會經歷暫時的親密與滿足幻覺，強化了創傷綁定的循環。

極爲重要的是要認知到，創傷綁定關係中這種強化的身體親密體驗，是一種情緒剝奪的展現，而非眞切且健康的連結。

儘管身體親密、吸引力以及融洽的性愛是很重要的，但健康且有益身心的關係遠遠不僅止於身體的親密而已。儘管創傷綁定關係中的身體連結強度，可能暫時蒙蔽了情感缺失，但一段可持續發展成長的關係，需要多面向的投入。眞實的安全感、深刻的情感連結、心理的親密，是一段令人滿足的夥伴關係的基石。

一段有韌性的關係，會在個人感到情緒上安全與連結時發展茁壯。情感親密會促進深刻的了解、同理和分享脆弱，超越身體接觸的（暫時性）滿足感，帶來眞正的安全感。

心理的親密、智力的連結以及共享的價值觀，再加上可以讓個人感到安全的環境，沒有需要透過身體親密來感受愛與連結的壓力，是健康關係連結的眞正模樣。相對於創傷綁定中的安全幻覺，健康關係中的眞正安全感，可以讓個人表達自己，無須擔憂批評或拒絕。健康的關係提供了情緒脆弱的空間，帶來超越了身體層面的安全感受。

了解各種不同層面的親密關係是很重要的，因爲這不僅能強化伴侶間的連結，而且也會促進安全感、信任和滿足感。

- **情感親密**：情感親密會形成健康關係的基礎，其中包含了分享感受、脆弱和生活經歷。伴侶會創造安全的空間，進行開誠布公的溝通、同理與相互理解。這類的親密關係會建立深刻的情感連結，促進親密與支持的感受。
- **身體親密**：身體親密不僅僅只是性的連結，還包括了愛的舉動、觸碰和親近感。擁抱、親吻和非性行爲的身體接觸都是很關鍵的元素，能夠表達愛、關懷與連結。健康的關係會認知到性行爲與非性行爲的身體接觸都是很重要的。
- **心理親密**：心理親密包含智力的連結以及分享想法。從事有意義的對話、討論想法，並且尊重彼此的觀點，會促進心理的親密。伴侶會感覺智力方面受到激勵與重視，因而促進超越情感與身體領域的深沉連結。
- **心靈親密**：心靈親密超越了宗教信仰，涵蓋了共享的生命意義、價值觀和人生目標。這是關於核心信念校準一致、一同找到生命意義，以及支持彼此的心靈成長。這個層面的親密關係會爲關係增添深度與意義。

- **休閒親密**：享受共同的活動和嗜好會創造休閒親密。不論是追逐共同興趣或是一同發掘新興趣，從事愉快的休閒活動會強化關係連結，創造長久的回憶。休閒親密會促進陪伴感與分享的喜悅。
- **衝突親密**：衝突親密指的是有建設性地處理意見不合與挑戰的能力。在健康的關係中，伴侶在衝突時開誠布公地溝通，在不損害情感連結的情況下尋求解決方案。一同處理衝突會建立信任感與韌性。
- **創意親密**：創意親密涉及一同探索與表達創意。不論是藝術創作、解決問題或純粹的集思廣益，投入創意活動會促進一種獨特的連結。這類伴侶會進行協作、啓發並支持彼此的創意追求。
- **冒險親密**：分享新體驗、冒險和探索未知領域，會促進冒險親密。從旅遊到嘗試新活動，這些共享的探索會創造興奮感，透過創造大量共同回憶來強化關係連結。

在創傷綁定中，這些親密層面大部分甚至沒被理解、不被期待，甚至未曾被體驗過，而受害者對於關係和自身的缺乏理解與期待，可能導致其他幾種行爲方式，造成令人困惑且高度有害的環境。

創傷綁定中的受害者，通常會展現的一些行爲包括：

- **把虐待合理化**：把施虐者的行爲合理化或正當化，藉此維持連結的假象。波南沒看過感受壓力的人可以有不同的處理方式。她的父親也是以相同的方式展現，也就成了她對憤怒的理解。她知道這段關係並不好，但她也拒絕承認這是全然的虐待關係。
- **孤立**：隨著創傷綁定加深，會脫離朋友與家人，導致更加依賴施虐者。波南是孤立的，而且沒有親近的家人。拉吉夫是她唯一的慰藉，但那並沒有幫助。
- **自責**：把對虐待行爲的責怪內化，形成罪惡感與無價值感。波南覺得是自己太敏感了，認爲自己可以變得更好，可以表現得更好，就可以幫助拉吉夫的情況。她很努力要成爲一位好妻子，而且她眞的對自己想要離開的想法感到羞愧。那想法就埋藏在她頭腦中的角落裡，等待著下一次的觸發事件。
- **害怕被遺棄**：被強化的遭遺棄或遭拒絕的恐懼，驅使她去配合施虐者的要求。她從沒有過獨自一人，要是沒有婚姻，她又該怎麼辦呢？她在工作方面完全沒有經驗，她又該做什麼呢？
- **無法脫離**：儘管認知到這段關係是有毒的，但又很難從中掙脫。波南從沒見過母親身處健康的婚姻中；事實上，她看到的是母親的韌性，並且爲她丈夫的糟糕行爲找藉口。波南很努力要成爲好妻子，因爲她知道拉吉夫好的一面。她無法忘記他在每一次生日和紀念日都竭盡所能給她驚喜，而她也很想要忘掉他狂暴憤怒的那一面。事實上，他在工作上超級忙碌而且壓力很大，因此，難道家裡不應該是他的空間嗎？他對她展現了其他人都看不到的一面。更何況，他可以選擇任何人但偏偏選擇了她，這件事又該怎麼說呢？

**創傷綁定比我們一般認爲的還要更常見，這種狀態可能會編織出非常複雜的羈絆，讓人很難擺脫。**

及早辨識這些跡象，並且慎重地採取因應步驟，對於保護自己免於這類關係可能帶來的傷害是非常重要的。以下是理解與處理創傷綁定的指引：

- **培養自我覺察：**
  - ❑ **保持警覺：**關注關係的互動情況，密切留意互動帶給你的感受。留心能協助你辨識任何令人不安的模式或可能顯示出潛在創傷綁定的情緒。
- **留意紅旗訊號：**
  - ❑ **愛情轟炸的警訊：**注意愛情轟炸——也就是在關係的初期過度展示情感或關注。真誠的連結通常是逐步發展的，因此要留意操之過急的強烈愛的表達或承諾。

❑ **控制與虐待的跡象**：注意控制的行爲和施虐性格的跡象。觀察這人如何對待他人，因爲這通常反映出他們在未來可能會如何對待你。

- **慢慢來**：

❑ **逐步推進**：抗拒想要盡快推進關係的衝動。健康的連結是以穩定的步調發展，讓兩人能夠眞切地了解彼此。慢慢來，能讓兩人對關係的互動情況有更清晰的觀點。

- **拉攏支持網絡**：

❑ **尋求他人意見**：和朋友與家人分享你的經歷。來自這些關心你的人所給出的不同觀點，可以帶來寶貴的洞見。要敞開心胸接受他們的觀察，並且不帶抗拒地傾聽。

- **相信你的直覺**：

❑ **直覺很重要**：信任你的直覺本能。如果有事情感覺不對勁，就要認眞看待。你的直覺反應可能是很強大的指標，會點出關係中可能的問題。別忽視了這些感受。

- **設定界線**：

❑ **定義個人界線**：清楚溝通你的界線和預期。健康的關係會尊重個人的界線，並且在關係之初設下該界線，協助預防侵害了個人底線。

- **教育自己**：

❑ **了解創傷綁定**：知識能賦予力量。教育自己了解創傷綁定的特質。辨識相關模式和行爲是有幫助的。覺察是擺脫枷鎖的第一步。

• **專業指引**：

❑ **治療支持**：考慮尋求心理健康專業人士的指引。諮商治療能夠提供安全的空間來探索和理解關係的複雜性，並且提供療癒與解開創傷綁定的工具。

愛與被愛練習 6

## 關係安全評估

了解自己在關係中的感覺有多安全是非常重要的，特別是在面對像創傷綁定這類複雜的情況時。創傷綁定的一個清楚跡象就是，你會陷入持續感到不確定、不穩定和如履薄冰的狀態。

這項練習就像是個友善的指引，協助你仔細檢視你的關係，看看這段關係實際上有多安全無虞。我們會探索情緒、溝通和整體氛圍，給予你簡單且有效的方式，理清你的關係是否提供了你需要的慰藉與安全感，或者是反映出創傷綁定的跡象。

藉此機會反思並發掘你的關係是否是安全感的來源，或者展現出糾纏在複雜創傷綁定中的跡象。

注意：這項練習需要自我反思以及誠實面對自己。花些時間深思熟慮地回答每個問題。

**情感安全**：以一到十分來評估你的情感安全，一分非常不安全，十分是極為安全。請回顧能夠影響你給分的明確例子。

- 我在這段關係中表達自己的情緒時是什麼樣的感覺？
- 在分享脆弱的感受時，我是否會害怕遭到責難或批評？
- 我的伴侶是否積極傾聽並且認可我的情緒，而非忽視我的情緒？

**溝通模式**：列出三次最近的溝通情況。分析伴侶兩人傳達自身想法與感受的有效程度，以及是否有達成解決方案。

- 溝通的渠道是否開放、尊重且有建設性？
- 我們是否不帶指責或人身攻擊地討論意見不合的情況？
- 在我們的溝通中，是否有妥協和理解的空間？

**信任與透明度：**回顧最近一次需要信任的情況。評估信任感是否有被維護或被妥協，以及問題是否有開誠布公地化解。

- 我能否信任我的伴侶，和他分享我的想法、恐懼和不安全感？
- 我們在行動和決定中是否保持透明公開？
- 是否發生過破壞信任的情況，若有，該情況是否有得到處理與解決？

**身體安全：**反思任何不舒服、恐懼或破壞界線的事件，評估自身的身體安全：考量這些事件對你的整體安全感的影響。

- 我在關係中是否感覺到身體安全？
- 是否曾發生過身體威嚇和暴力的情況？
- 我的伴侶是否尊重我的個人界線？

**支持的環境：**找到最近一次個人成就或挑戰。評估你接收到的支持程度，以及該支持是否對你的安康有正面貢獻。

- 我的伴侶是否支持我的目標和志向？
- 在面臨挑戰的時刻，伴侶是否給予鼓勵？

- 是否曾經發生過控制的行為或打擊信心的情況？

**一致性與可預期性：**回顧過去一個月。評估在行為、溝通或關係的整體氛圍上是否有重大的改變。

- 在關係中是否有穩定感與可預期感？
- 是否有過預料之外的大幅度情緒起伏或行為改變？
- 我們是否有促進穩定性的共同慣例與習性？

要記得，你的關係應該要感覺像個安全、支持的連結，而不是一個動盪且無法預期的地方，充滿經常的爭吵與誤解。如果你感覺不舒服或者覺得有事情不對勁，請務必尋求協助。如果你還沒準備好要找諮商師，那就先從找朋友或信任的人聊聊開始。

另一方面，如果你覺得情況還不太糟，但有些問題需要討論和處理，那就可以考慮和你的伴侶談談。健康的關係總是能夠自由地溝通、承認問題，就算無法立即找到解決方案，仍能健康地討論。你們兩人應該要能夠在關係中成長與學習。儘管有一些誤解和差異都是正常的，但任何形式的虐待都不應該被忽視或正常化。

輪子在地板上拖行的聲音把波南從白日夢中喚醒。

「姊姊，這是山達這禮拜第二次從他房裡拿這個行李箱給我，是很重要的東西嗎？」桑塔把行李拉進廚房時問道。

波南微笑著。「是的，非常重要。」

「不，不，就先放在衣櫥裡，我可能還會用到。」

輪子在大理石地板上拖行，在哈吉夫一塵不染的大理石上留下一道塵土。波南繼續啜飲著咖啡，看著鳥兒在花園裡玩耍。

# 5

# 愛的語言

## 感覺被看見、被聽見與被愛

普爾基特（Pulkit）非常焦躁不安。他們八週後就要搬家了，而欽坦（Chintan）又再一次封鎖他。這還沒完。他告訴坐在一旁剝柳丁的媽媽說，欽坦很幼稚。

他媽媽翻了白眼。「我老早告訴過你了，不是嗎？」

「媽，拜託，你是不是站在我這邊的？」

「我就是站在你這邊，所以才這樣說。」她繼續剝著柳丁。普爾基特又試了一次。沒用，他被封鎖了。

他很生氣，開始搜尋欽坦姊姊的聯絡方式，接著就撥了她的電話。

奇特拉（Chitra）在等了好一會之後才接起來。她通常是很快接聽的。普爾基特很確定是欽坦告訴她要這麼做的。

「兄弟，什麼事？」

「奇特拉，欽坦在哪裡？」

「呃，欽坦不在這裡啦，兄弟。」

「請不要這樣，奇特拉。這很不好笑，這是他在十天內第二次這麼做了，我真的不覺得我有辦法繼續下去了，你知道嗎？」

「沒有啦，兄弟，等一下，給我一秒鐘……是這樣的，兄弟，我覺得，欽坦是真的很沮喪。」她小聲說道。

「沮喪？他昨天還好好的啊。」普爾基特很困惑。欽坦是什麼時候變得沮喪了？欽坦是那種樂天派的人。他總是隨遇而安，從來都不會保持沉默或者不說出心裡的話。發生什麼事了？

「你來看他吧，他會在家的。」

「我現在不想侵犯他的空間，奇特拉。」

「不會啦，他眞的很需要你的，兄弟。」

「有嗎？」

「那他爲什麼要封鎖我？」

「你自己來問他啦。晚點見。」

普爾基特掛上電話。他媽媽盯著他看。

「發生什麼事了？」她問道。他媽媽很愛欽坦，不過，當然啦，她更關心普爾基特。我是說，一個母親總是會把自己的小孩擺在第一位，不是嗎？

普爾基特離開家，開車去欽坦的住處。如果一年前有人問他會不會和人同居，他肯定會一笑置之。長久以來，普爾基特一直都不是會把專注力放在任何關係上的那種人。只是偶爾會跟人調情，有時和人深夜談心，僅此而已。事實上，在他的專業領域中，沒有人知道他的性向，雖然人們可能都猜到了。三十七歲，事業成功，仍舊單身。怎麼有可能，特別是在印度更不可能。普爾基特知道人們都在議論，但也不該因此就不以自己想要的方式過生活。他這輩子一直都是這樣的——小心翼翼地生活，避免張揚，不引人注目甚至隱藏自己，因爲他不想要和別人不同。然而，當他自然而然地跨越了那道障礙，他也感覺到自由了。但並不是從關係的角度來看。他從沒眞的在意長期關係，他的事業才是他一直以來的焦點所在。

欽坦是他人生中全然不同的存在。他很外向，對於雞尾酒的品味極佳，而且有著雄心壯志。他正好是那種符合普爾基特品味的外向——不是太大嗓門，而且總是有很棒的話題開場。欽坦出生在一個小地方，努力往上爬，出國深造，現在回國成立自己的公司。事實上，是普爾基特提議要搬到一起住的，這就算對欽坦來說也是很大膽的舉動。他很意外，幾乎是驚慌失措，但最終也同意了。欽坦打從一開始就不是對這件事感到極度興奮。他有許多的疑問和擔憂，但普爾基特知道這些都是可以處理的。因此，在不斷地保證之下，欽坦同意了。不過，那已經是三個月前的事。過去兩週來情況就像雲霄飛車一樣。大概是他們兩年來的關係中最艱難的一段時間。

普爾基特把車子停在平常停的樹下，走到欽坦的住處。他抬起頭看了陽台一眼。欽坦知道他要來的話，通常會在陽台上看著他走過來。當然，今天的陽台上沒有人，只有他們週年紀念的玫瑰長成了一叢，零星地開了幾朵花——這是欽坦在看了 YouTube 影片後自己動手增植的。

房子的大門敞開，所以普爾基特輕敲了門，然後走進去。奇特拉坐在電視前面，滑著手機。

「嘿，兄弟，欽坦剛剛出去了。」

「出去了，什麼意思？」

「我不知道，他剛剛才離開。你在樓下有遇到他嗎？」

「沒有。你沒有告訴他我要過來，對吧？」

「當然沒有。」

欽坦看見普爾基特停在平常的位置。他退到陰影裡，偷偷地吸了一口香菸。他知道普爾基特終究會過來。但這次他不會再得到他想要的保證或說服。他們兩人是行不通的。欽坦很確定這一點。

欽坦走上樓時深呼吸著。他準備好要回答普爾基特可能提出來的所有問題。他可以聽到普爾基特和奇特拉在講話。再次深呼吸後，他打開了門，走進屋裡。他迎來的是一陣詭異的安靜，直到普爾基特站起身來，試著要擁抱他。

「欽坦，我好擔心。怎麼——」他突然停下來，「你抽菸嗎？」欽坦不可置信地往後退，然後衝進房裡去。普爾基特沒有跟上去。

奇特拉靜靜地回去滑她的手機，但她內心有個聲音在告訴她，或許她應該要離開，過一陣子再回來。正當她在思考著要去哪裡時，欽坦又從房間裡衝出來。他看了她一眼，然後看著普爾基特。

欽坦說：「你可以問我各種的事情，或澄清各種事情，可是你卻只關心我是不是有抽菸？眞是可悲！你甚至做不到跟上來追問我，繼續完成對話嗎？」

奇特拉假裝忙著滑手機，但耳朵仍在聽著他們的對話。

普爾基特只是看著他，努力要控制自己的憤怒。這男人承諾不會再抽菸了，可是他非但沒有爲了打破承諾道歉，反而是站在那裡，有那個臉質疑他的行爲。

「我已經來這裡了。我還需要做什麼來證明我想要解決這件事情？我並不像你，我不會封鎖別人和逃避自己的問題。我會出面處理。」

現在換欽坦沉默了。奇特拉的電話響起，她迅速轉到了靜音。「推銷電話。」她咕噥著，抬起頭來。

兩個男人都在盯著她看，好像她才是麻煩一樣。「奇特拉，可以請你離開嗎？」欽坦很不爽地說。

「喔，可是我要去哪裡？」奇特拉翻了翻白眼。

普爾基特站起身，請欽坦坐下來。「聽著，我知道關係並不容易，可是，欽坦，我們可以一起溝通處理，不是嗎？」

「什麼時候？」欽坦顯然很挫折，「什麼時候？我們已經不在平日見面了。你每次過來，就只有想看電視。我們已經不去約會，也不做任何有趣的事情了。」欽坦沒有演練過這些話，但就這麼脫口而出。

普爾基特嘆氣。「我不知道你對這情況有意見。事實是，我們花時間陪伴彼此對我就足夠了，而且我們會做一些事啊——我們會一起煮飯，我有空的時候就會去接你下班，我們也會一起打掃。有些很棒的事情，對吧？也可以說很有趣。」

「對，普爾基特，我並不是說這些事情不好。但你剛剛說那些事情都是一些居家事務。那其他玩樂的事情呢？新鮮的事情呢？有趣的事情呢？一時興起的樂趣去哪了？」

「我們可以一起找到樂趣？」

「但這並不是我想像的那種關係，」欽坦嘆氣道，「現在請不要批評我。」他說著，又從揹包裡撈出一根香菸並點燃。

房裡充滿了菸味，以及沉重的寂靜。沒有人說話。奇特拉清了清喉嚨。沒有人願意說些什麼。她再次清了喉嚨，普爾基特終於轉頭看著她。

「兄弟，你有聽過愛的語言嗎？」她試探性地問道。欽坦看起來很困惑。

奇特拉繼續說：「不是的，聽我說。愛的語言是一個人接收愛和感受愛的不同方式。這是一個眞實的概念。你知道的，舉例來說，普爾基特覺得自己有展現愛，但是你卻感覺不被愛。因此，那感覺就有點像普爾基特在說的是拉丁語，但你聽不懂拉丁語。普爾基特覺得他是在告訴你和展現給你看他的想法和感受，但由於你完全不懂那個語言，因此你覺得被誤解，覺得沒被關心，這是因爲這溝通的媒介並沒有被你接收到。懂嗎？」

是的，奇特拉說得對。愛的語言是個眞實且極爲強大的健康關係概念。這概念是蓋瑞・巧門（Gary Chapman）在一九九二年提出的，大概和愛這個詞本身一樣受歡迎。《愛之語：永遠相愛的祕訣》（*The Five Love Languages*）探索了人們在表達與詮釋愛的方式上的明確偏好。

巧門指出五種主要的愛的語言，每一種都代表著一個明確的情感溝通模式。這些語言是：

- **肯定的話語**：與這類愛的語言有共鳴的人，會熱衷於透過口語表達愛、讚美與鼓勵的話語。
- **服務的舉動**：對一些人來說，做比說更有力。展現體貼的行動和服務的舉動，是以很深刻的方式在傳達愛。

- **接受禮物**：對於重視以實物來表達情感的人來說，給予與接受禮物正是愛的象徵。
- **優質時光**：投入全部的關注並且花時間給予優質的陪伴，對重視這類連結的人來說是最主要的愛的語言。
- **肢體接觸**：肢體接觸包含透過擁抱、親吻和其他形式的身體親近方式來表達愛。

巧門的愛的語言的概念指出，了解並且校準你與伴侶偏好的愛的語言，能夠強化關係的品質與深度。透過辨識並且訴說彼此的愛的語言，伴侶們能夠建立更強勁的連結、促進親密感，以及更有效地探索愛的複雜性。

儘管未必要擁有相同的愛的語言才能成功地維持一段關係，但近期一項研究（莫斯托瓦〔O. Mostova〕、斯托拉爾斯基〔M. Stolarski〕、馬修斯〔G. Matthews〕發表的「我愛你愛我的方式：回應伴侶偏好的愛的語言能夠提升異性戀浪漫關係的滿足感」〔I Love the Way You Love Me: Responding to Partner's Love Language Preferences Boosts Satisfaction in Romantic Heterosexual Couples〕刊登於《公共科學圖書館：綜合》〔*PLoS ONE*〕期刊）發現，相較於愛的語言不相同的伴侶，擁有相同愛的語言的伴侶，會體驗到更大的關係與性滿足。這項研究也發現，男人擁有和伴侶更適配的愛的語言，會有更高的同理與觀點接受度。

咱們來仔細討論每一種愛的語言，了解這些愛的語言如何整合在實際生活當中。

**肯定的話語**：主要愛的語言爲肯定話語的人，眞切且振奮人心的話語是他們內心的關鍵。

一、口頭表達愛：簡單但眞誠地說出像是「我愛你」、「你是我的全世界」，或「我欣賞你」的話語，對於那些喜愛肯定話語的人來說是意義重大的。這些口頭的表達是愛的確認，會創造安全感與溫暖。

二、鼓勵與支持：在艱難的時刻給予鼓勵的話語、表達對你伴侶能力的信心，並且提供正向的強化，會形成強勁的支持基礎。不論成就大小都能加以認可，會因口頭的肯定而進一步強化愛。

三、讚美與深情的話語：對你的伴侶的外表、性格或成就給予眞誠的讚美，能夠促進正向的氛圍。表達情感的話語，像是「你看起來美極了」或者「我爲你感到驕傲」，都能強化愛與感激。

四、愛的紙條與訊息：在一天當中留下愛的字條、傳送暖心的訊息，或者分享貼心的文字，是能維持連結的有效方式，這些舉動展現出持續努力透過言語來溝通愛與情感。

五、確認關係：口頭的承諾、表達對關係的感激，以及再次肯定兩人連結的重要性，能夠促進安全感。經常地表達你的愛與投入，有助於建立強勁的情感連結。

透過留意我們的觸發因素，我們可以更深刻地了解自己在愛裡頭尋找的東西。舉例來說，某人可能很樂於處理所有的家務事，但如果沒有得到伴侶的認可或肯定，可能就會感覺非常憂傷。他們可能會在被批評時變得心煩意亂。儘管我們有許多人可能不是完全掌握了自己想要如何感受被愛，但肯定都了解自己的觸發因素，知道什麼會讓我們不悅。透過辨識這些觸發因素，我們就可以聚焦在與之相反的事物——例如，需要肯定或者感覺被愛。這種覺察能夠引導我們在關係中更好地了解和溝通我們的需求。

因此，在介紹你認識愛的語言的同時，我也納入了每種類型的可能觸發因素。不論一個人的愛的語言爲何，這些行爲都有可能給他們帶來苦惱，但是，有些人可能相對比較不受影響，而有些人則可能會變得非常痛苦、感覺不被愛，並且感覺關係陷入緊張。了解這些觸發因素有助於突顯出每個人對某些行爲的不同反應，也因此，在關係中辨識並且處理這些反應是非常重要的。

對於一個愛的語言是肯定話語的人來說，什麼會造成他們的痛苦呢？**批評或負面溝通**。**批評包含傳達不認同、責難或負面評價，可能會對伴侶的情緒健康造成負面影響**。以下是一些可能帶來傷害的負面溝通例子：

- 不斷挑毛病：「你什麼事都做不好」或「你老是把事情搞砸」。持續的挑毛病可能造成全面的不足感，並且打擊個人自尊心。

- 人身攻擊：「你又懶惰又沒責任感」或「你不夠好」。人身攻擊可能導致缺乏價值的感受，增添情緒痛苦。
- 輕蔑的評論：「你好煩」或「我不知道我爲什麼要跟你這樣的人在一起」。輕蔑的評論會造成不安全感和負面的自我意象。
- 與他人比較：「爲什麼你不能像（某人）一樣？」或「你不像（某人）那麼有（正向的特質）。」經常的比較會造成怨懟，貶低伴侶的個體意識。
- 貶抑的語言：「你的想法很愚蠢」或「你反應過度了」。貶抑的言語會貶低伴侶的想法和感受，阻礙開誠布公的溝通。
- 責備與怪罪：「這都是你的錯」或「你是一切出錯的原因」。責怪會導致防備心、使衝突升溫、並造成情緒痛苦。
- 缺乏鼓勵：沒能給予正向強化或鼓勵。缺乏肯定的話語，可能造成伴侶感覺不被感激或不受重視。

當一個伴侶持續接收到批評，而不是肯定的話語，就可能導致情緒痛苦、覺得自己不夠好，並且會慢慢地損害關係。儘管有建設性的回饋以及關於改進的討論，在關係中非常重要，但經常的批評卻沒有正向的溝通加以平衡，就可能會帶來傷害。

**服務的舉動**：這類愛的語言涉及具體的行動，來展現關心、體貼以及努力，讓伴侶的生活更輕鬆或更愉快的意願。對於和服務的舉動有共鳴的人來說，這些務實的舉動可能就是大聲展現出愛與承諾。

一、日常協助：在沒被要求的情況下就去處理日常雜務，例如洗碗、倒垃圾，或者處理家務。

二、解決問題：積極處理化解可能給伴侶造成壓力或不便的挑戰或問題，展現積極解決問題的態度。

三、驚喜與體貼的舉動：計畫驚喜、體貼舉動或意料之外的樂趣，帶來快樂和喜悅，致力於努力創造正面的經歷體驗。

四、在有需要時提供支持：在艱難的時刻提供務實的支持，例如在工作任務上提供協助、幫忙跑腿，或者在壓力時刻傾聽分憂。

五、善意舉動：隨機的善意舉動，像是買伴侶最愛的點心、煮他們最愛吃的菜、或者留下暖心的紙條，展現體貼之情。

六、透過行動帶來優質時光：把優質陪伴時光用來從事伴侶愛好的活動，不論是共同的嗜好、一起散步、或者是參加具有意義的活動。

七、透過服務來表達愛：透過行動來展現愛，例如協助執行一項企劃、修理需要維修的東西，或者積極地爲伴侶的目標做出貢獻。

這些行動並非只是日常任務，而是象徵了愛、奉獻和承諾，積極地爲伴侶的幸福快樂做出貢獻。

對有著服務的舉動做爲愛的語言的人來說，什麼情況會讓他們很痛苦呢？忽視和不願意付出努力。

**忽視包含了不願投入交流、漠不關心，或者沒能爲關係投入時間與精力**。這情況看起來可能會像是：

- 忽視日常責任：無視或經常性地忽略共同的責任，例如家務、財務或照顧小孩的責任。
- 不常關心：明顯減少問候彼此的日常、感受或者身心狀況，顯示出缺乏興趣繼續維持情感連結。
- 逃避解決問題：不投入處理問題，或者逃避討論關係中的挑戰，導致缺乏解決問題的努力。
- 無視特殊日子：忘記重要的日子或時刻，不願投入心力慶祝或致意對伴侶而言別具意義的特殊時刻。

- 未能提供情緒支持：因疏忽而未能在艱難時刻提供情緒支持、沒有積極傾聽，也沒有採取行動來緩和情緒痛苦。
- 忽略優質時光：忽視共同的活動、逃避優質的陪伴時光，而且對於參與對伴侶很重要的活動顯得興趣缺缺。
- 缺乏體貼舉措：未能展現體貼的舉動或驚喜，沒能用心創造正面體驗或表達情感。
- 千篇一律的日常：關係落入了一成不變的例行公事，沒有任何努力要引進新的活動、嗜好或共同興趣，造成厭倦及不滿足。

在關係中的忽視或不願付出努力，可能導致不被感激、孤獨或遺棄感。

**接受禮物**：這種愛的語言是關於慎重挑選禮物背後的情感意義。對某些人來說，贈與和接受禮物是在強力地表達愛、關心與體貼。

一、象徵性的舉動：慎重地選擇帶有個人意義的物品，例如最喜愛作者的著作、有懷舊情懷的珠寶，或者珍視的紀念品。

二、時不時的驚喜：在特殊日子或一時興起以出人意料的禮物來帶給伴侶驚喜，展現出投入時間與精力來創造喜悅時刻的意願。

三、手作或個人化的物品：親手製作禮物或選擇反映伴侶興趣、嗜好或回憶的個人化物品，增添獨特意義。

四、慶祝里程碑：以別具意義的禮物來紀念重要的人生事件，例如週年紀念、生日或特別成就，藉此來紀念和慶祝伴侶的歷程。

五、體貼之舉：以代表情感與心意的小物來傳達愛，例如驚喜地送上最愛的點心、手寫紙條或花束，展現體貼之情。

六、給予時間與陪伴：給予時間和陪伴做爲寶貴的禮物，例如計畫特別約會、安排優質的陪伴時光，或者創造值得紀念的體驗。

七、透過物質來表達愛：以實物連結深刻的情感意義，讓禮物本身變成愛與伴侶之間連結的象徵。

八、感激贈禮背後的心意：著重在挑選禮物時的心意與努力，而非金錢價值，重視送禮舉動背後的情感意義。

禮物真的是很棒的方式——可以展現愛、維持關係中的浪漫與貼心，同時協助伴侶感受到被感激與受重視。

對於以接受禮物做爲愛的語言的人來說，什麼情況會使他們很痛苦呢？**缺乏或毫無體貼之心。**

**缺乏體貼、努力或忽視伴侶對意義重大的禮物的渴望，可能會是觸發因素，導致伴侶在關係中感覺不被欣賞與感激**。例子如下：

- 忘記特殊日子：持續忘記重要的日子或時刻，例如生日或紀念日，未能做出努力來紀念或慶祝這些重要時刻。
- 非個人化或普通的禮物：贈送缺少個性或心意的禮物，例如常見的普通禮物，沒有考量到伴侶的偏好、興趣或情懷價值。
- 無視伴侶的願望清單：忽略或無視伴侶表達過的渴望或願望清單，顯示不願考量他們明確的偏好和興趣。
- 對於愛的物質表達很冷感：對於以物質來表達愛的情感重要性漠不關心，貶低貼心禮物的重要性。
- 忽視送禮的機會：忽視透過送禮來表達愛的機會，例如無視傳統上會送禮物的假日或事件。
- 缺乏努力創造值得紀念的時刻：未能投入時間和精力，來透過驚喜或禮物創造值得紀念的時刻，造成情感忽視的感受。

在贈送禮物方面缺乏體貼心意，可能導致情感疏離的感受，以及伴侶需求遭到漠視的感覺。

**優質時光**：優質時光做爲愛的語言圍繞在全神關注、共同經歷，以及有意義的連結的重要性。有些人會著重在共享有意義的陪伴時光，這是他們最能夠增進情感連結的方式。以下是優質時光可能看起來的模樣：

一、全神關注：專注進行深度對話，積極傾聽彼此，透過眼神凝視來傳達完全的注意力。

二、共同活動：從事伴侶兩人都喜愛的活動，例如一起煮飯、健行、玩遊戲，或者追逐共同嗜好。

三、優質對話：投入時間進行有意義且開誠布公的對話，談論感受、夢想和想法，藉此促進情緒親密。

四、創造共同回憶：一同計畫和體驗難忘的事件，例如度假、約會夜或者特別情境，藉此創造長久的回憶。

五、質重於量：重視有意義的時刻，而非純粹以量取勝，著重在一同創造寶貴回憶的重要性。

六、專注於當下：在共同活動中全然專注地參與，避開像電話和其他事項的干擾造成分心。

相處時光的品質、投入的程度以及共同的經歷體驗，會促進情感親密以及關係中的滿足感。

因此，對於以優質時光做爲愛的語言的人來說，什麼會是他們的觸發因素呢？**分心或者缺乏陪伴**。

**如果伴侶雖然身體陪在一旁，但在共享的時刻中卻精神或情感上疏離，或者當要創造共同經歷時卻完全缺席，選擇獨自的追求或把時間先給了別人而不是給伴侶**，這些情況對以優質時光做爲愛的語言的人來說都可能是觸發因素。部分例子如下：

- 經常因電子產品而分心：在共同活動、晚餐或優質的時光過程中，持續埋首在電子產品裡，像是智慧型手機或筆記型電腦，導致缺乏眞誠的連結。
- 半調子投入對話：在對話過程中給予最少的參與或投入，表現出對有意義的討論不感興趣，因此未能促進情緒親密。
- 經常性打斷：經常因分心情況或干擾事件打斷了相處時刻，因而無法創造出聚焦且連結的環境。

- 未能計畫有意義的活動：未能計畫或參與對伴侶具有重大意義的活動，顯示出缺乏努力來創造共享經歷。
- 偏好獨自的追逐：經常挑選獨自的活動而非共享的時刻，展現出偏好個人的追逐，而非促進親密關係。
- 對優質對話不感興趣：對於進行優質對話不感興趣，逃避討論關於感受、夢想或關係中重要的面向。
- 只用最少的努力創造共同回憶：在透過特別時刻、事件或活動，來創造共同回憶方面只做出最小的努力，導致在建立共享歷史上缺乏投入。

分心或缺席都可能導致孤獨感、情感疏離，以及伴侶沒能全心投入關係中的感覺。

**肢體接觸**：做爲愛的語言看起來是什麼樣子呢？這種愛的語言強調身體連結和深情舉動的力量，以及肢體接觸能帶來的慰藉。這類人會透過觸覺中愛的表達來找到意義與親密感。肢體接觸並非只關於性的親密。儘管包含了浪漫關係中的身體親密，這類愛的語言也涵蓋了更廣泛的非性行爲肢體接觸，來傳達愛、關心和情感連結。

一、表達情感的簡單舉動：牽手、擁抱、親吻或溫柔地觸碰手臂或肩膀，藉此傳達愛與連結。

二、實際現身：坐在一起、依偎或者身體上的親近，會給予溫暖與慰藉感。
三、充滿感情的擁抱：透過溫暖的擁抱來表達愛，包括熊抱、抱緊緊或者溫柔地擁抱。
四、親密時刻：分享親密時刻，包含身體的親近等，會促進情感與身體連結的感受。
五、肢體的確認：以身體的舉動作為一種形式的肯定，例如拍拍背、撫慰的觸碰、牽手、在陪伴時維持身體接觸或者愛撫。
六、充滿玩性的觸碰：進行充滿玩性的觸碰，像是搔癢、打鬧，或者其他輕鬆的身體互動，能帶來喜悅與笑聲。
七、非性行為的身體親密：享受無關性行為的身體親密，例如按摩，散步時牽手、或者靜靜地躺在一起。

對於以肢體接觸做為愛的語言的人，什麼可能是他們的觸發因素呢？**身體上的疏遠**。這包含了在關係中缺乏深情舉動、身體連結與親密感。

- 避開身體接觸：持續避開身體接觸，例如不願牽手、擁抱，或進行其他展現情感的舉動。
- 有限的情感表達：在透過肢體來表達情感方面只有最小的投入或無投入，未能透過觸碰來傳達溫暖與連結。

- 情感疏離：在情感上疏離，導致缺乏對身體接觸的渴望，因而在關係中造成孤立感。
- 忽視親密時刻：忽視親密時刻的機會，避開涉及身體連結的活動，或者忽視身體親密的重要性。
- 缺乏安撫的觸碰：在痛苦的時刻未能給予慰藉的觸碰，例如沒能安慰地牽手或支持地擁抱。

現在你已經知道了每種愛的語言是什麼模樣，你一定也很好奇哪一種是你的愛的語言。儘管你可能會很想要說你需要所有的愛的語言（我們不都是這樣嗎？），比較好的開始，是熟悉自己的主要愛的語言，並且聚焦在這類愛的語言上，直到你很好地掌握了這語言。想要掌握所有愛的語言是很誘人的想法，但關鍵在於發掘你的主要愛的語言——也就是你最有深刻共鳴的那類愛的語言。

**如何找到你的主要愛的語言？**

- **回顧觸發因素與共鳴事物：**
  在閱讀完上面的描述後，回顧各種情境與過去的經歷。留意那些觸發強烈情緒反應的時刻，或者那些讓你感覺格外被愛的時刻。思考哪種愛的語言和這些有共鳴的經歷最爲適配。
- **就給予愛的方式進行內觀與反思：**

把你的焦點轉向內在，反思你平時對他人表達愛的方式爲何。考量你在過往關係中或當前關係連結中的行爲或舉動。你是如何展現情感的？你注意到自己會自發地給出哪種特定的愛的表達？在通常情況下，我們給予愛的方式，也反映出我們渴望被愛的方式。辨識你的付出模式，有助於發掘你的主要愛的語言。

**• 愛的語言測驗：**

另一種有效的方法就是進行正式的蓋瑞．巧門愛的語言測驗。這項全面的測驗提供了一種有架構的方式來了解你的愛的語言。深思熟慮並且誠實地回答一系列問題，來探索你在各種情境中的偏好。這項測驗的結果會揭示你的主要愛的語言。你可以在這網站進行線上測驗：

https://5lovelanguages.com/quizzes/love-language

奇特拉坐在鞦韆上凝望著天際線。房子這個角落已經成了她最喜愛的地方。欽坦和普爾基特領養的波斯貓賴瑞也認同她，牠就坐在旁邊的毯子上，發出輕輕的呼嚕聲。

在背景中，普爾基特和欽坦正忙來忙去——入宅派對就在今天。「奇特拉，你知道嗎，普爾基特會在七點準時回家，而且我們有個不使用電子產品的規定，」欽坦幾乎是得意洋洋地說著。「你知道那是什麼意思，對吧？」

「優質時光。」奇特拉翻了白眼。

「猜猜還有什麼？欽坦現在會把賴瑞的排泄物拿出去丟，給我們兩人煮咖啡，而且甚至會在我比較晚回家時煮晚餐。那是什麼呢，奇特拉？」普爾基特在考她。

「服務的舉動，兄弟。」奇特拉說，並且暗暗咒罵自己沒有帶耳機來。普爾基特和欽坦兩人像小孩子一樣咯咯地笑，在背景中擊掌。

「奇特拉，我們還沒謝過你呢。」兩人拿著一盆洋芋片和飲料站在她身後。奇特拉覺得超尷尬的。她感覺兩人就要對她做什麼很感性的事情。

「謝謝你支持著我們，」普爾基特說，「還有介紹我們了解確實對我們有幫助的事情，協助我們學習許多關於愛、關係和彼此的新觀點。」

「謝謝你存在我們的生活中，」兩人異口同聲地說。然後俏皮地停頓了一下，「那是什麼呢，奇特拉？」

「肯定的話語。」奇特拉翻了白眼，強忍住笑意。

愛與被愛練習 7

## 整理你的愛的語言

主要愛的語言：

一、＿＿＿＿＿＿

次要愛的語言：

二、＿＿＿＿＿＿

三、＿＿＿＿＿＿

四、＿＿＿＿＿＿

五、＿＿＿＿＿＿

現在，咱們來探索具有表達力但又簡單的方式，來傳達每一種愛的語言。以下是每種愛的語言的十個範例，能協助你洞悉如何對你的伴侶傳達你的心意感受。

## 如何運用肢體接觸？

一、自發性地幫他們按摩背部或做伸展。
二、當你們在外頭走動時牽起彼此的手。
三、當你們坐在一起時，把你的手放在他們的手上或腿上，或者把你的手臂放在他們的肩膀上。
四、如果你們在進行嚴肅的對話，當你在傾聽他們講話時，握住他們的手，或輕揉他們的手臂。
五、就算你趕著要出門，在經過他們身邊時，也務必要特意拍拍他們的背，或者摸摸他們的臉頰。
六、當你們身處在團體中，特意維持身體接觸。
七、了解他們的性渴望，把那些渴望擺在第一位。偶爾主動發起性互動，即使你當下沒有做愛的心情，也務必要提醒他們說，他們對你是有性吸引力的。
八、當他們壓力很大時，按摩他們的肩膀。
九、親吻他們嘴唇以外的地方，例如臉頰、額頭、鎖骨或手背。
十、用手指滑過他們的頭髮。

**如何運用肯定的話語？**

**（參考這些句子，或者想出自己的句子。但要眞誠地說，而且要經常說。）**

一、你對我非常特別。

二、過了這麼久，我仍舊爲你瘋狂。

三、當你……眞的讓我刮目相看。

四、我的人生不能沒有你。

五、你激勵我去……

六、我有告訴過你說我是多麼感激你是我的伴侶嗎？

七、你值得工作上的所有讚美，我知道你在工作上有多麼努力。

八、我只是想要讓你知道，我爲你感到驕傲。

九、我眞的很感謝你做了……

十、如果你需要我，我都在這裡，我一直在你的角落支持著你。

**如何運用服務的舉動？**

一、在採購日常用品時，順手帶上他們最愛的點心。

二、製作早餐，在他們醒來之前送到床邊。
三、在辛苦一天後，隨機帶他們去他們最愛的餐廳。
四、在他們出差風塵僕僕歸來後，幫他們收拾行李。
五、在度假期間預約按摩，幫助他們放鬆。
六、照顧家人，放他們一天假。
七、從事他們安排好的約會活動，就算那並不是你的首選。
八、更換乾淨的床單。
九、完成一項他們還沒有時間做的計畫，像是整理抽屜，或是清理冰箱。
十、在用罄之前，預先購買衛生紙和家務用品。

**如何運用接受禮物？**

**（常見的錯誤觀念：禮物必須很昂貴／這是一種物質需求。不是的，這完全由你決定……有這種愛的語言的人更關心的是心意與體貼，而不是禮物的金額。所以，該是發揮創意的時候了！）**

一、帶他們最喜愛的花給他們，不需要理由。

二、購買他們已經想要好一陣子的東西給他們。
三、送驚喜包裹到他們工作的地方。
四、製作選集歌單，並且說明爲什麼你爲他們挑選這些歌曲。
五、爲他們報名他們一直想要上的課程。
六、購買露天電影院的門票，一起去看他們最愛的電影（別忘了帶零食點心）。
七、他們最愛香味的蠟燭。
八、在每個去過的地方購買的聖誕飾品。
九、他們好幾個禮拜以來一直提到的書。
十、從花園裡摘下的漂亮花朵，以大張旗鼓的方式送上。

**如何運用優質時光？**

一、規劃定期的約會夜。
二、在你們一起出門時，關閉你的手機。
三、考慮來一次「家務約會」：把無趣的家務轉變成相處的時光。
四、如果你們其中一人出遠門，安排時間進行線上通話或Zoom的雲端約會。

五、一起參加烹飪課，或一起培養一項嗜好。

六、找到你們住處附近的「旅遊景點」，在你們家附近當起遊客。

七、在當地公園規劃一次野餐。享受陽光與彼此的陪伴。

八、一起睡午覺——可以選擇摻入其他活動。大家都不夠重視在床上依偎擁抱的舉動。

九、閱讀同一本書，並且一同討論。

十、把像是處理帳單和規劃餐點的日常瑣事納入優質時光內，你們可以一同決定要如何使用你們當月的娛樂預算。

# 6

# 第三者
## 關係中的三角習題

「我媽媽一直都告訴我要小心獨生女。」安基特（Ankit）露出憎惡神情，幾乎氣急敗壞地說著。

我看著他。這是我和安基特的第一次諮商。安基特三十五歲，最近經歷與結婚一年半的妻子烏爾維（Urvi）分居的煩心事。他的眉頭皺在一起，顯然非常惱怒，他妻子的身高肯定不是造成他這狀況的唯一原因。我敦促他說得更多一些。

「烏爾維很好，我不是在抱怨，但這整件事的重點就是我們要和我父母一起住。」

「但這不是烏爾維想要的？」我問道。

「不是的，她也想要。是這樣的，她一輩子都生活在大家庭中，她很喜歡生活的喧鬧繁忙，也喜歡家人在一起的感覺。她也做得很不錯。但問題就是，那很奇怪。我的意思是，我真的不知道問題是什麼，所以我才會來這裡，是吧？」

我簡單地點點頭。他不知道問題何在，但他知道他對於自己在做的事情以及現在生活的模樣感到不對勁，那就足以構成問題了。

「安基特，我了解現在這對你來說可能眞的很難以招架，但我想要更好地了解你的狀況，告訴我，分居是兩人相互提出的嗎？」

「相互，意思是？她想要分居，我也想要分居？是啊。」他停了下來，「我猜是吧。我的意思是，怎麼有人有辦法和那樣的爭吵共處？」

「但你們有討論過怎麼進行分居吧？」

「當然有。她不想要從我這裡得到什麼，我也不想要從她那裡得到什麼，就這樣。」

「嗯，告訴我，問題是什麼時候開始出現的？」

「好的，問題啊，」安基特口袋裡的手機響了。他立刻拿出了手機，然後看著我，「對不起，我必須接這通電話。」

我點點頭。

「是的，媽咪，你說。是的，我會在家，我半小時之後就回家了。是的……好，那我們就去吧。好的，掰。」

他收起手機，然後看著我。「抱歉，抱歉，實際上她不知道我在這裡。她會非常擔心這裡是不是出了什麼狀況。」他指著自己的腦袋說。

我微笑著。「我了解，別擔心。只要你長話短說，就像你現在這樣。」他笑了。

「所以，問題？」我提醒他。

「對，問題，嗯，烏爾維不常煮飯。她不喜歡薄餅，但我的家人很愛薄餅。烏爾維不太在意在家裡的穿著。那是個大問題。她總是穿著很短的衣服。但是，家裡大家都在，那樣不太雅觀。對。」

「繼續，你還有想到其他事情嗎？」

「她真的想到什麼就說什麼，完全沒有保留。完全沒有。」

「還有……」

「喔對，她不想要小孩。」

「好，那你想要小孩嗎？」

「是的，一定要。我的意思是，小孩會把家庭凝聚在一起，不是嗎？至少，如果我們有小孩的話，或許情況就不會像現在這樣糟糕了。」

「好的。安基特，在所有這些你點出來的事情當中，我聽到很多『我的家人討厭，我的家人不太喜歡』。我想要知道關於你的感受。你覺得你在和烏爾維這一年半的婚姻與同住過程中，有哪些明確的問題？」

他微弱地笑著。「我家人的問題就是我的問題，對吧？」

「但肯定有些事是只有你覺得有問題的，這些是你的家人沒問題或還不知道的事情？」

「既然你要我思考，我並沒有想到什麼特定的事情。除了那些我已經分享的事情。」

「好的，那麼，在那些事情發生的時候——當這些問題出現的時候——你還記得自己是什麼感受嗎？」

「是的，我記得我每天下班回家，家裡都是一種詭異的安靜氣氛，非常沉重，那種安靜讓我耳朵疼痛。我立刻就知道出問題了，有事情發生了。我曾經感覺非常受傷，你知道嗎……我原本以為我的婚姻會是我家人幸福的泉源。我一直想像著典型的一家和樂融融情景，但過去一年半真的讓我很受傷。我幾乎覺得自己破碎了。承認這件事很哀傷。我不想要感覺很失敗，而且我也覺得很羞愧。」他暫停一下。

「羞愧，這是很嚴重的感受。」

「是啊，很羞愧，因為我沒法管好我的妻子，也沒管好我的婚姻。我沒法讓我的父母開心。我沒法真的給他們應得的平靜。」他撇開視線，「對不起。」

「安基特，不需要道歉。這些是你的情緒，會有這些情緒是人之常情，你能夠這麼好地表達出來，我很為你感到驕傲。」

「謝謝你。」他輕柔地說。

「我們可以回到結婚初期的情況嗎？」

「好的，我們在約會幾個月之後就結婚了，是一種戀愛兼撮合的婚姻。烏爾維實際上是我表親家人的好朋友。我們也是因為這樣認識的。我在第一次嘗試約會就很喜歡她。我在尋找結婚對象，她也是。所以我們一開始就知道這會是很認眞的關係。而且這確實是。我們的約會階段實際上進行的非常順利。烏爾維是那種有話直說的人、做決定果斷、有很好的工作。她愛她的工作，而且非常熱衷旅遊。」

「所以，你是說她有很多吸引你的特質，包括她很有自己想法和獨立的個性？而且，你們兩人都準備好要把關係推進到下一個階段，這點也是有幫助的，這樣說對嗎？」

「是的，沒錯。而且，她是非常社交的。」安基特的表情都開朗起來，「她那時……現在還是……很外向，我則是內向了一輩子。我猜，大概是她有著所有那些我沒有的特質。但，我想，我媽媽對這段關係一直很有疑慮。她自然是很保護我的，而且挑選結婚的對象當然是非常重要的決定。她確實問過我好幾次，問我是否確定。」

「她和烏爾維處得好嗎？」

「媽媽？一開始是的。事實上，在約會的階段，媽媽非常努力地想要了解她。有意思的是，媽媽和烏爾維現在還會聯絡。反倒我是那個沒在聯絡她的人。哈哈，很有趣，是不是？」

「嗯，所以，你提到你覺得你母親有些疑慮。有任何她對烏爾維的特定擔憂嗎？」

「是的，不，媽媽肯定有告訴我她對烏爾維的背景有疑慮。她也表達過，擔心烏爾維要怎麼兼顧工作和家庭。她也提到烏爾維是個很嬌生慣養的小孩，因爲是獨生女之類的，所以烏爾維該怎麼調適？媽媽也在我們約會期間特別要我跟烏爾維聊聊關於她的穿著偏好。」

「你有跟烏爾維聊嗎？」

「沒有，對我來說太尷尬了。」

「安基特，如果明早醒來時，你有能力改變過去一年半，你會改變什麼？想像一下你有這樣的能力讓時間倒流去改變任何事情，你會改變哪些事情？」

安基特嘆了口氣。

在接下來幾週裡，我們仔細地討論了他提到想要改變的事情。但在告訴你是哪些事情之前，我想先告訴你他是怎麼達到這些體悟的。在這些諮商過程中，我們討論了一個可能用意良善的第三者會帶來的衝擊，以及這會如何對關係造成影響。

思考一下拔河比賽。理想的情況是有兩個隊伍，各別拉著繩子的一端，對吧？要是有三個隊伍會發生什麼事呢？還有可能比賽嗎？或許有可能，但會有很多混亂，對吧？

我們的情感連結可以比喻成拔河比賽，但並不是兩個隊伍在拉繩子，而是有三個隊伍。兩人分別抓著繩子的兩端，代表著他們與彼此的連結。當其中一人拉繩子，會影響到另一人感覺到的緊繃感，創造一種微妙的平衡。然後，想像一下，兩人並沒有彼此直接溝通，而是開始把第三個人拉進來。這個第三個人就會變成樞軸點，成為關注的焦點，成為確認的來源或解決問題的來源。關係動能會經常在變動，因爲每個人都在爭取這個第三人的支持或結盟。

就像實際的拔河比賽一樣，這種情感的拔河會變得很緊張且無法預期。繩子可能會磨損，也可能變得更緊繃，到最後，兩個人之間的連結變得非常混亂且緊張。原本只是單純的拉與放遊戲，變成複雜的情緒、結盟和權力掙扎的盤根錯節。

有道理嗎？

術語上，我們稱這是三角習題。三角習題是當任何的第三方在兩人的關係品質中占據了重要角色時，這個第三方會有很大的權力左右這兩人的關係如何發展。三角習題在家庭與職場都很常見，幾乎已成爲一種正常現象。三角關係有可能是刻意的，也可能是非刻意的。但儘管如此，這種關係的開始，通常是因爲兩人之間的關係並沒有清楚且眞誠的溝通。他們有可能有誤解和衝突的傾向，或者缺乏自我覺察以及有意識的行爲。其中一方可能會去尋求一個看似值得信任的第三方。這個第三方則是覺得有需要直接介入，而不是讓兩人自行解決問題，因爲這個第三方覺得需要掌握控制、權力和地位。這源自某種恐懼或不安全感，害怕會在（第三方）自己的人生中喪失這些特質。

**關係中的三角習題有哪些實例：**

一、在家庭中，一個小孩可能會在父母衝突中成爲關注的焦點，父母會個別向這小孩尋求支持和認可，因而創造了一種三角習題。

二、三角習題可能發生在——伴侶其中一人尋求關係外的某人，來給予情感支持與認可，因爲在與其伴侶的關係連結中認爲有所不足之處，這可能導致關係中的不安全感與嫉妒。

三、三角習題也可能出現在伴侶或家庭中的溝通模式上。舉例來說，有人在遇到問題時並不直接和伴侶一同處理解決問題，而是去找朋友或家人吐苦水，造成溝通上的三角習題，損及信任與親密感。

四、在部分情況中，三角習題可能呈現出關係內的權力角力。舉例來說，伴侶其中一人可能透過配合第三方來控制或操弄伴侶的行爲，造成三角習題，導致伴侶感受被脅迫和怨懟。

在我和安基特的諮商過程中，我們也討論了三角習題會如何在關係中呈現，以及如何辨別外部協助是否眞的有幫助。

想要能夠了解三角習題的情境，需要對關係互動有自我覺察與警覺，以下爲一些你可能身處在三角習題情境中的跡象：

一、**溝通破局**：如果你發現要直接和你的伴侶溝通極爲困難，或者如果重要的討論經常要牽涉到第三方，這可能是個三角習題的跡象。例如，你可能經常向朋友或家人徵詢意見，而不是直接和你的伴侶一起處理問題。

二、**感覺左右爲難**：如果你覺得自己經常陷入伴侶與另一人之間拉扯，像是朋友、家人或同事，這可能顯示出三角習題。你可能感受到壓力需要選邊站，或是在兩人衝突中成爲調停者。

三、**情緒不穩定**：三角習題可能導致情緒不穩定，以及關係內的不確定感。你可能經歷嫉妒感、不安全感或不信任感，特別是如果你的伴侶會去向他人尋求支持或肯定的話。

四、**變節盟友**：在三角習題的情境中，結盟和忠誠可能經常變動。你可能會注意到你的伴侶和其他人形成緊密連結，或者向不同的人尋求認同，造成你們的關係動能擺盪不穩定。

五、**難以化解衝突**：如果關係中的衝突似乎在升溫或者在付出努力處理後仍無法解決，有可能是三角習題的跡象。在衝突中拉進第三方，可能會阻礙你和伴侶之間的有效溝通以及問題解決。

六、**缺乏界線**：三角習題經常會出現人與人之間界線模糊不清的情況，會以一個人闖入另一人的關係互動之中。如果你覺得自己的個人空間或隱私經常受到外來影響的侵犯，可能就是顯示出三角習題。

我們要如何意識到：一個可能用意良善的人，實際上是在造成更大的傷害，而不是帶來幫助呢？

家人是婚姻中的一大部分，特別是在南亞社會。在家人普遍會參與做決定過程的文化中，三角習題是經常會發生的情況。在社會中，家人在個人的人生中扮演了核心的角色，而關於婚姻、職業甚至日常生活的決定，經常是眾人一起決定的，會有來自長者以及家族成員的建議或指示。

在這些文化中，造成三角習題的關鍵因素之一，就是對於長者建議與智慧的重視。長者是備受尊敬的，長者的意見受到高度重視，在包括關係等重要的事情上，經常會尋求長者的看法。然而，儘管目的是要尋求指引與支持，但長者介入伴侶生活的親密細節中，有時可能導致意外的結果。

其中一個挑戰是，和所有人一樣，長者有著他們自己的經歷、信念和情感創傷。在有意無意間，他們可能會把自身未解決的問題，投射在前來尋求建議的小倆口身上。舉例來說，在自身關係中經歷過婚姻衝突與失衡的長者，可能會根據自身的偏見或未療癒的傷口，不經意地影響小倆口的互動方式。

再者，長者與年輕情侶之間的世代差異，可能導致誤解與溝通不良。長者可能對婚姻與關係持有傳統的觀點與期待，而這可能並不符合較年輕世代的價值觀或生活型態。這種差異可能在家人互動之間造成緊張與衝突，使得三角習題進一步惡化。

伴侶經常會遭遇的巨大阻礙就是，在許多的情況下，長者介入了小倆口生活的親密細節裡，導致關係中的隱私與自主權喪失。小倆口可能會感受到壓力要順從家人的期望或決定，就算這些期望或決定與他們自身的渴望與信念相牴觸。這可能給小倆口的關係帶來緊張，長時間下來更會損及信任與親密感。

關於伸出援手的家人可能實際上並沒有幫上忙，需要留意的一些跡象：

一、**他們經常試著要擔任調解者**：家庭成員可能會以小倆口的調解人或中介者自居，就關係互動提供不請自來的建議、意見或批判。

二、**他們會選邊站**：家庭成員可能會在小倆口的衝突中公開選邊站，表達偏袒其中一人，並且批評或責怪另一人。

三、**和他們交談會增添衝突**：他們可能不經意或刻意地加劇小倆口之間的衝突，激起戲劇性情境、八卦或者未經同意分享隱私資訊。

四、**伴侶之間的信任感下降**：家庭成員介入小倆口的關係，可能損及信任感與親密感，導致遭背叛與怨懟的感受。

五、**他們會干預做決定的過程**：家庭成員可能強行介入小倆口做決定的過程，提供不請自來的意見，或者試圖控制他們的決定。

六、**他們沒有界線的概念**：他們可能會無視小倆口關係內的界線，介入私人事務，或者試圖主導兩人互動的方式。

七、**他們很擅長挑起罪惡感**：家人可能會使用道德綁架或操弄的技巧來影響小倆口的行爲或決定，利用兩人的責任感與忠誠來達到目的。

**因此，我們永遠都不應該尋求協助嗎？我們是否應該要自己理清一切、知曉一切，並且獨自經歷人生？**

何時該尋求協助是個很微妙的問題，要考慮的因素從問題的本質到個人關係的互動狀況都有。儘管在面臨挑戰時，尋求協助是非常重要的，但辨別正確的時機以及該找哪個正確的人也是至關重要的。

關於尋求協助的適當性也有相關的辯論，有些人提倡獨立與自力更生，還有人則是強調必要時向外尋求援手的重要性。而眞相則是落在這兩者之間。儘管自給自足是很值得欽佩的，但有時候，尋求外部指引能夠帶來更有效的解決問題方式以及個人成長。

選擇對的人作爲調解者或知己，是這過程中最重要的事情。儘管朋友和家人可能是看似自然的選擇，但是他們固有的偏見和個人經驗，可能會不經意地使情況更惡化。那些和我們親近的人可能會把他們自身的恐懼、不安全感、或者過去的創傷，投射在我們的情境中，遮蔽了他們的判斷力，且阻礙了他們提供務實建議的能力。

在選擇調解者時，最重要的是要把客觀與同理放在優先考量。理想的情況是，這個人應該具有高情商、溝通技巧，且有意願不帶批判地傾聽。他們應該要能夠提供客觀的觀點與指引，不強加自身的目的和偏見到情境中。

有效的溝通是在關係中面對處理挑戰時的關鍵。伴侶們必須養成開誠布公的對話，讓雙方都能感覺被聽見、被重視和被支持。作爲一個團隊來處理問題，有共同的理解知道這是「我們要同心協力對抗世界」，可以強化伴侶之間的連結，在對抗阻礙時形成團結一體的感受。

尋求協助的決定應該根據個別的情境而定，並且根據問題的本質以及個人關係的動能來進行仔細的考量。選擇正確的調解人是非常重要的，因爲偏見或不了解情況下給出的建議，可能會帶來傷害而非幫助。

因此，如果有能力回到過去，安基特說他會改變什麼事情呢？

**我會放慢腳步，而且更好地做溝通。**

「我這輩子一直都是很安靜的類型。我總是會傾聽，特別是傾聽我母親，而且非常努力想要不讓她失望。我用盡了一切所能來取悅她——從成爲一名工程師，再到攻讀行銷學位，但我實際上眞正想做的是成爲老師。不過，我甚至無法接受自己的這個夢想。當老師並不是我們家族裡覺得能光耀門楣的夢想。我父親在他的事業上相當成功，但他從沒眞正鼓勵我追隨他的腳步。他經常都不在家。我想老爸在逃避所有家庭責任方面做得很棒，有忙碌的業務行程做爲藉口。」

「我很好奇老媽是否曾經覺得孤單。我想，她是的。因此，她把三個小孩的人生視爲她的一切。是她帶我去上學，帶我姊姊去家教，帶我哥哥去練球。但我不得不佩服我哥哥，他努力地走出自己的道路。但我媽媽一點都不開心。她覺得他背叛了她。她爲他做了一切，他卻沒有留在我們身邊。他離開家去追逐他對運動的熱情，對家裡完全沒有眷戀。自此，我媽媽就不常跟他連絡了。我也沒有。我想，大概只有我姊姊會打電話給他吧。或許還我有爸，我不知道。我姊姊並沒有眞的受到太大的壓力，或許是因爲老媽一直都知道我姊會嫁人，組成她自己的家庭。」

「不過，是啊，我唯一一次不太聽她的話，就是跟烏爾維結婚這件事。我很困惑，你知道嗎，她對烏爾維很好，比方說，她每天都會跟烏爾維說話，而且她們兩人會一起出去喝咖啡、吃飯什麼的。我以爲她眞的很喜歡烏爾維。」

「但她不喜歡烏爾維嗎？」我插入問道。

「呃，我的意思是，她從沒試著要阻止烏爾維，或者告訴我要改變念頭。難道她不想要我的婚姻成功嗎？」

「嗯，你提到要更好地做溝通。跟我多說一點。」

「是啊，我會跟烏爾維溝通，讓她知道這婚姻對我有多重要。我一直都認爲她知道，認爲她會了解。有些時候她會求我說說話，求我表達立場，但我並沒有。我或許可以，但我可能並不知道該怎麼做。我從沒面對過這樣的處境。而且我沒能理解到這對關係是很重要的。」

**我或許不會把我遇到的問題拿去徵詢我媽媽的意見**。

「儘管我媽媽做的一切都是爲了我好，但我感覺，在某個程度上，她確實有太多個人的投射。她給我的建議或觀點並不客觀，都是來自我該如何保護自己這樣的出發點，而不是客觀地檢視如何解決問題。我開始把這些問題都看做是一種死結，我就只能不情願地與之共存，或者保持沉默。當然啦，在那時間點，烏爾維和我應該要頻繁地溝通才是。」

「老媽也有她自己的煩心事，我了解這點。那也是爲什麼我從來都不想要讓她失望。你知道的，我媽的婚姻也很辛苦。事實上，我說過，我爸很少在家，但我想，我媽從來沒能眞的接受這件事。她從不認爲自己是受害者。總是掌控著一切。從來不情緒化。總是做著她認爲最好的選擇。」

「而在某個時間點……」他開始哽咽，「……或許……」

「是的。請繼續。」

「或許我媽覺得她要失去我了？」他看著我。他稍早提到過的罪惡感與羞愧完全寫在他臉上。

我點點頭。「你意識到，在你結婚之後，你媽媽開始覺得孤單？」

「不，也不是說孤單。她有很多好朋友，當然啦，她的工作也很忙碌，但你知道的，烏爾維非常有自己的想法。她是在大家族裡面長大沒錯；她也和她的家人非常親近，但她一直都是在做自己的事情。她也一直叫我去做我自己的事情。而不知怎麼著，這或許被我媽注意到了，而且她不太能接受，你知道的。我可以理解，因爲我媽很可能覺得自己已經不被需要。」

「所以，你有覺得她做爲母親的角色現在已經不在或不需要了？」

「當然沒有。事實上，我很高興自己有正確的做決定能力。我覺得很獨立，幾乎可以說很自由，又或者我是這麼想的。」

**我會有辨別力，並且維持必要的界線**。

「我現在意識到，我一般都會和家人分享許多我們關係的細節。就是看似無傷大雅的細節，關於我們的談話、習慣或怪僻，甚至是烏爾維分享過的觀點。我現在意識到，那些分享出去的東西全部都會受到一些批評——就好像每個人都等著要指出哪裡出錯了，而不是不帶偏見地純粹接收這些資訊，或者把這些看成是讓情感連結更深厚的技巧，藉此來更好地了解我們的關係。」

「這裡一點批評，那邊一些挖苦——很顯然我的家人們並不是純粹帶著開放的心胸在吸收這些細節，或者利用這些資訊來更好地了解我們的關係。相反地，他們似乎暗中期待著會發現一些不夠好或有缺陷的地方。那感覺就好像是，他們等待著抓住任何可能的缺點，準備好要大肆批評，而不是要提供有建設性的回饋或支持。」

「這個領悟眞的讓我開了眼界，因爲我意識到了在分享我們關係的親密細節時，謹慎區分哪些該說和哪些不該說是很重要的。儘管我了解到，想和信任的親人分享經歷體驗是很自然的事情，但是考量到相關的背景脈絡與接收者可能存在的偏見，也是同樣重要的。」

我點點頭。「安基特，這是個很大的領悟。並不是每個人都會帶著和我們期待的相同程度客觀或同理來看待我們的關係，因此，不經意地將脆弱之處暴露於批評之下，可能會給關係帶來不必要的壓力，並且損及我們與家人的連結。」

**我會加強自主性，即使那感覺很奇怪且不自在。**

「我會有意識地加強我的自主性，就算一開始可能感覺既怪又不自在。在成長過程中，我媽一直認爲我是家中的『金童』，或許她一直都期待著我一定都會毫不遲疑地順從她的期望。然而，我意識到了，這樣的認知未必正確地反映出我眞實的自己。我現在知道了，在內心深處，我需要肯定自己，並且根據自己的想法和渴望來做決定，而不是純粹地順從其他人的期望。」

「不過，這會很有挑戰，」他弱弱地笑著，「大聲說出自己的想法並且堅守自己的意見，感覺是很陌生的，但我知道我必須面對我的罪惡感和害怕讓別人失望的恐懼。」

「肯定是的，安基特。長時間的練習下來，我們可以學會擁抱這種新發現的自主感受，並且對我們自身的判斷更有信心。你可以重新學習信任自己，信任自己的直覺本能，慢慢地，你就能說出你的想法、堅守界線，並且根據內在的指引來運作。儘管這可能，事實上，這肯定會在一開始感覺很可怕，但重新取回你的自主權會讓你展現自身的力量，活出自己想要的人生，無懼地走出你自己的道路，並且做出符合你眞實自我的決定。」

**我會辨識我的需求，爲自己定義婚姻與關係，而不是根據他人的定義來採取行動。**

「我已經領悟到，我們有許多人都在無意識的情況下，把父母的婚姻複製到自己的關係中，純粹只是因爲那就是我們成長過程中接觸到的範本。不適合我們、甚至可能有害的行爲模式被正常化了，而較健康的替代方案則可能被忽略或無視了。」

「我想要質疑這些根深柢固的模式，並且反思我自身的信念和需求。透過這麼做，或許我可以公平對待我的關係？我想要爲我自己的選擇負責，並且重新定義婚姻和關係對我的意義爲何。」

「你覺得烏爾維和我能夠解決這件事嗎？」他疑惑地看著我。

「這對話是你必須準備好直接和她談的，你不覺得嗎？」

他點點頭。

他的電話震動起來，打破房裡的寧靜。他看著我，我點頭同意他接聽。

他接起電話。

「哈囉，媽媽，我正在做諮商。等等結束後就打給你，好嗎？好，掰。」

我微笑著做了簡短的筆記。「有進步。」

如果你覺得這在你的家庭互動環境中是不可能做到的，我想請你重新思考一下。自主性並不一定要是一種重大宣言。那可以是你爲了自身的安康所採取的小小行動這麼簡單。自我表達是自主性很根本的一個面向，會爲個人賦予力量去堅守自身的需求、信念和對這世界的渴望。你的聲音是個很強大的工具，重點就在於要加以使用，即使是在感覺不自在或不確定的時刻也要發聲，因爲你的觀點是很重要的，是值得被聽見的。

在家庭中展現出自主性的方式，包括了尊重且果決地設定界線以及堅定自身立場。這意謂著要表達你的需求與偏好，不去擔心會遭到反對或批評，同時也要尊重他人的自主性與界線。

建立自主性需要開誠布公的溝通、積極地傾聽以及相互尊重，創造讓每個家庭成員都能感覺被重視和被聽見的環境。

一、**設定界線**：每個家庭人員都有權利建立關於時間、空間和情感需求的個人界線。家庭中的自主性包含了尊重這些界線，以及與其他成員清楚地溝通這些界線。

二、**獨立做決定**：鼓勵家庭成員自主地做決定，不論是關於自身的教育、職業或個人目標。不論其他成員的選擇是否和我們不同，都要支持彼此選擇，才能促進賦權感以及相互尊重。

三、**開誠布公溝通**：促進一種環境氛圍，能讓家庭成員自在地表達他們的想法、感受和擔憂，不需要擔心被批評或責備。積極地傾聽和肯定每個人的觀點，能夠創造相互理解與同理的文化。

四、**分攤責任**：在家庭成員之間公平地分配家務責任，讓每個人根據自身的能力與興趣來做出貢獻。辨別和重視每個人的獨特貢獻，能在家庭內促進自主性與提升自我價值。

五、**尊重差異**：擁抱多樣性並且尊重每個家庭成員的個體性，包括他們的文化、宗教或個人信念。推崇多樣性而非強加一致性，能夠鼓勵家庭互動中的自我表達與自主性。

以下是一些能夠帶給你協助的有力行爲改變：

一、**練習說「不」**：開始向不符合你的重視事物或價値觀的請求或承諾說「不」，這有助於你堅守自身界線，並且把自身需求放在第一位。

二、**獨立做決定**：自己做一些小決定，像是決定晚餐要吃什麼，或者決定要看哪一部電影。信任你的直覺本能和偏好，不需尋求他人的認可。

三、**表達你的意見**：在談話中分享你的意見與想法，即使這些意見與想法和大部分的人不同。你的觀點都是有效的，表達出來有助於體現你的自主性，並且促進有意義的討論。

四、**設定個人目標**：辨識對你很重要的目標，不論是在職業、健康、關係或個人成長方面的目標。採取積極的行動來達成目標，賦予自己力量來形塑你自己的未來。

五、**把自我照顧擺第一**：每天分配一些時間來從事滋養你身體、情緒和心靈健康的活動。不論是運動、冥想、嗜好或放鬆，重視自我照顧做爲尊重自身需求和滋養自主性的一種方式。

在小嬰孩時期，我們會本能地透過哭泣來溝通我們的需求，但隨著我們長大，我們通常會學習讓自己噤聲。爲什麼呢？或許是我們充滿了各種恐懼，被拒絕、被批評或不自在的恐懼。

或許我們都想要成爲金童，或許我們把社會規範與期望給內化了，順從於被認定可接受或適當的事情，即使這意謂著我們必須壓抑自己眞實的想法和情緒。

眞正的自主性必須擺脫這些禁錮，拿回我們的聲音。眞正的自主性是要連結內在的自己，並展現與之校準的行爲。

# 7

# 我不夠好

## 完美主義的殺傷力

蘇米雅（Somya）剛結束三小時的會議。她伸展著背部，身後的陽台窗簾也優雅地飄動著。她位在三十八樓的公寓有著完美的景色與充足的採光。她花了六個月的時間才找到這間房子。很顯然地，那六個月是全然的混亂。那段期間，她是在朋友的家裡工作，或者是在狹小的咖啡廳裡，其中還有一個月是在前男友家裡。當然啦，就是個居無定所的狀態。但到頭來，一切都是值得的。蘇米雅啜飲著超濃的黑咖啡，一邊查看著她的行程。她今天還有七場會議，以及晚上有個約會。行事曆上還標注著明天有兩場約會，週末也安排了三場約會。

在查看行事曆的過程中，她的電話響著。她有十則 Bumble / Hinge / Tinder 等交友軟體的通知。蘇米雅使用了所有這些交友軟體，積極在尋找可以定下來的人。她父親很關注她的生活，想要看到她結婚，而她也覺得自己終於有這個能力可以成家了。她無意識地清除所有的通知，深呼吸，然後點燃一根菸。七位數的收入、很棒的房子、很棒的工作、一些很棒的朋友、一個非常昂貴的吧台。人生夫復何求呢？

她打開手機軟體來點餐。有二十幾家餐廳提供買一送一的優惠。她滑著查看每一間餐廳，然後惱火地把手機放下來。太多選擇了。

她走去打開冰箱。裡頭大約有十瓶氣泡水。她拿了一瓶，又放了回去，最後只拿了一條能量棒，然後走到陽台上。距離下一場會議還有七分半鐘。她不如來思考一下，決定晚上約會要穿什麼。

並不是說她還沒遇到喜歡的男人。但奇怪的是，在這三十七年的生命中，她還沒遇到過一個完全適合她的人。爲了自己的愛情故事奮鬥是値得的，不是嗎?事實上，她遇到過非常好的男人，但大多沒有發展到談婚論嫁。

只有兩次有發展到這階段，其中一次甚至訂了婚。但事情就在這時落空了。出現了如此多的漏洞、如此多的懷疑，以及如此多的恐懼，讓她喊停了。蘇米雅相信，命中注定要發生的事情，終究會找上她的。

但她也意識到，她必須要把自己放到市場上，所以她很努力在嘗試。這並不容易，但她有個計畫——努力工作，然後去約會。那就是她的策略。事實上，在她的頭腦中，這是個完美的策略。這必定會有用。她想說，隨著見過越多人，會找到一個人完全了解她、適合她的機率就會提高。她一邊想著，一邊翻看著衣櫥尋找約會服裝。她決心要找到完美的伴侶。她知道她値得一個很棒的人。

一條緞帶很突兀地從折疊完美的衣物中凸出來。她皺了皺眉，順手把緞帶擺好。她會是個很棒的伴侶。她一直以來都是較好的那個伴侶。

週日晚上，週一又即將到來，蘇米雅躺在沙發上，滑著 Instagram 的貼文。她咒罵著自己沒在週末好好休息，同時又在朋友與另一半或老公一同度假的照片上按讚。有個朋友——比蘇米雅低一年級，成績非常普通的學生——這朋友現在在某個山谷，悠閒地在自己擁有的百畝農舍裡度假。她又滑到另一個朋友穆達（Mugdha），在結婚後和老公一起成爲影片部落客（vlogger）——好浪漫的人生！每天都是約會夜或令人興奮的活動。女人是怎麼找到這些男人的？

有一則訊息跳了出來。是她昨天約會的人傳來的。她翻了白眼，直接忽視該通知。她對這人印象沒有特別好。事實上，她的這些約會對象全都很不錯。對，就這樣。很不錯。而不是很棒、很出色。

有一個男人很可愛，她不能否認這點。但他會是個好伴侶嗎？她感受不到這件事。或許他們可以再約會一次。

背景中的電視正在播放她最愛的影集，而她則是拿起手機，想尋找更多「很棒」的男人，她知道這男人是存在的。她當然是充滿希望的。不過，她該打開哪個軟體呢？最近兩次約會是來自 Hinge。她該開啓 Bumble 嗎？還是 Tinder 上的男人會更好呢？她決定先閱讀文章。或許網路上有一些數據顯示哪個軟體有較高的成功率？

她決心要找到完美的平台、完美的男人，並且和這男人一同建立她的完美幸福快樂。沒有任何事能夠阻止她活出自己的夢想。

蘇米雅的經驗並不特別；她是一個更大的社會趨勢的一部分。在現今快步調的世界中，隨著科技的進步，以及生活中各個面向都有大量選擇的情況下，我們有許多人會發現自己被困在盲從和過度消費的漩渦中。從服飾到美食，再到無窮無盡的數位串流內容，我們在每個角落都被大量的選項轟炸，形成一種即時滿足的文化，以及對於卓越出眾的無止盡追求，要成爲最好的，要有最完美的選擇。

我們通常會發現自己陷入了比較與競爭的循環中，完全只聚焦在生產力、成就以及成功之上，成爲了我們的驅動力。我們持續努力著要有超越他人的表現，並且贏得競賽，但那競爭的終點依舊是那麼虛無飄渺且難以定義。

特別諷刺的是，儘管少了外部的阻礙，許多像蘇米雅這樣的人還是發現自己被困在一種停滯的狀態中，無法前進。他們面臨的主要障礙，不是來自外在環境或他人的行動，而是來自內在的完美主義與高標準念頭。

隨著個人不懈地追逐無法達成的完美理想，這些自我強加的標準，也創造了一種持續的壓力與不滿足感。他們變成了自己最嚴苛的批評者，持續努力追求卓越，同時又感覺不夠好與不滿足。

在這種對完美的追求中，個人通常忽視了這會對個人心理與情緒健康造成的傷害。無止盡追求卓越所帶來的壓力，會導致精疲力竭、焦慮和普遍的不足感。儘管有充足的選擇和機會，許多完美主義者仍發現自己無法動彈，因爲害怕失敗，或者因爲害怕做錯決定而無法做決定。

此外，完美主義會造成只狹隘地聚焦在生產力和外部認可上，無法看見人類經歷的深度與廣度。完美主義者無法享受過程、無法擁抱人生的不完美，反而是固著在結果與成就上，透過外部標準來衡量自我價值，而非重視內在的滿足。

我想要讓你知道，被稱做完美主義者並不是一種讚美。嗯，不完全是。是這樣的，完美主義是存在一個光譜上的。身爲完美主義者通常指的是個人的某些特質，像是高標準、格外出色的表現以及韌性等。

然而，實際情況是更微妙的。儘管完美主義確實能夠驅使個人成就偉大，但也會帶來很大的問題。

在光譜的其中一端，完美主義可以帶來更高的標準以及更好的表現。完美主義的人通常傾向努力在他們的所作所爲中追求卓越，推促自己要付出更多心力來達成他們的目標。他們可能有著很高的職業倫理、關注細節且有持續改進的動力，這些特質能在人生各種不同面向都帶來成功。然而，在光譜的另一端，完美主義經常也會導致不切實際的期望，以及對於完美無瑕的堅持。這種不懈的追求可能帶來各種負面的結果，包括精疲力竭、失衡以及健康受損。

完美主義者可能會發現自己被困在一個循環中，爲了達不到的理想而努力、持續感覺自己辜負了自己那不可思議的高標準。這可能導致慢性壓力、焦慮、不滿足，只因爲他們掙扎著想要達成他們給自己的不切實際的要求。

**關於完美主義，有個不太被討論的部分就是，完美主義也可能對關係和個人健康造成損害。**持續要達到完美的壓力可能導致不足的感受與自我懷疑，可能使得個人害怕失敗或者害怕遭他人批評。這進而可能導致社交孤立、難以形成有意義的關係連結、以及他們在面對自己和外在世界時的掙扎，這種掙扎總的來說是不會被看見的。過去三十年來，完美主義傾向在年輕人之間大幅增加（庫蘭〔T. Curran〕和希爾〔A. Hill〕發表的「完美主義正隨著時間增加：針對一九八九年至二〇一六年出生者進行的世代差異綜合研究」〔Perfectionism Is Increasing Over Time: A meta-analysis of birth cohort differences from 1989 to 2016, 2017〕，收錄於《心理學公報》〔*Psychological Bulletin*〕，巴斯大學〔University of Bath〕與約克聖約翰大學〔York St. John University〕），在兩性與各種文化之間均呈現這種情況。研究相信，學術與專業競爭加劇，再加上社交媒體普及與其傾向鼓勵有害的比較心理，都是造成完美主義增加的因素。

你知道完美主義可以分成幾個不同的種類嗎？畢竟這是個複雜且有多層次的特質。

一、**自我導向型完美主義**：這類型的完美主義會給自己設定過高的標準，在個人努力上要求完美無瑕。在學業或事業領域中，有著自我導向型完美主義的人可能會執著於追逐卓越，不計代價要取得最高的成績或達到事業成功。

二、**他人導向型完美主義**：這形式的完美主義則是以不切實際的標準來看待他人，在他人身上期待完美。在人際關係中，有他人導向型完美主義的人，可能會把自身的期待強加給伴侶、家人或同事，導致關係緊張或衝突。

三、**社會導向型完美主義**：社會導向型完美主義會把社會或文化上對完美的期待內化，並且感覺到有巨大的壓力需要去達到這些標準。在社交媒體的領域中，個人可能把自己拿來和網路上展示的理想形象和生活方式作比較，導致不足感以及自我價值低落。

完美主義也可以是顯性或隱性的，也就是說，個人有可能公開且自豪地接受自己是完美主義者，並且以此特質自居地過生活。但隱性完美主義者實際上是細膩的人，他們不一定會公開自己的完美主義，因爲他們有時候自己也不承認有這樣的特質，而是將之內化，獨自掙扎著面對嚴苛與高標準。

辨識完美主義的特質，並且確定這些特質是否失調，雖然很有挑戰，但對個人成長與健康是非常重要的。以下是完美主義可能會帶來損害的一些跡象：

一、**嚴格的標準**：給自己設定無法達到或不切實際的過高標準。想像一下某人在工作上給自己設定了不可能達到的高標準。他們期待自己在經手的每個企劃中都只能表現完美，經常會加班到很晚來確保每個細節都完美無缺。儘管會獲得同事們的讚美，但這人也會經常感覺排山倒海的壓力，因爲他們永遠無法達到自己高達天際的期望。

二、**若非最好就什麼都不是的思維**：這是一種絕對會造成挫敗感的認知失調——把成功與失敗視爲非黑即白，沒有任何微調空間或彈性。想像一下，某個人在公司簡報中沒有最出色的表現時，就認爲是全然的失敗，忽視了他們從團隊中獲得的寶貴回饋。即使他們實際上是在進步的，但這種全有或全無的思維也會讓他們感到挫敗且喪失鬥志。

三、**拖延**：因爲害怕無法達到自身的完美標準，因此逃避任務或企劃。你肯定認識一些人，他們有著宏大的目標，但卻遲遲沒能展開那項新企劃。很有可能是因爲，他們害怕無法達到自己的完美標準。他們不但沒有立即投入開始執行，反而是無止盡地在做研究或整頓工作空間，延遲必要的工作，同時也在過程中使自己的壓力逐漸升高。事實上，有完美主義的人可能會出現「完美癱瘓」造成裹足不前的情況。那看起來有點像是：我可以成爲完美的伴侶嗎？我不知道，我寧願畏縮，好讓自己根本不會認識他們。或者，要是我的事業構想失敗了怎麼辦？我會等待完美的時機——等到我準備好要開始了，等到這世界更能接受了，諸如此類的。

四、**自我批評**：大部分的完美主義者都受自我批評所苦。當期望沒有達成，就會嚴厲地自我批評或自我責難。他們就是自己最嚴厲的批評者。當他們沒有達到自己的期望，他們就會用負面的自我對話嚴厲地譴責自己，確信自己不夠好。這種經常的自我批評，會打擊他們的自信和自尊，讓他們更難從挫折中重新站起來。

五、**受損的關係**：一個較鮮爲人知且較少被討論的完美主義面向就是，完美主義者經常在關係中深深受苦，因爲他們通常會建立起高牆，並且抗拒展現脆弱。他們對於理想的關係應該是什麼模樣，可能有著很僵化的觀點，這是來自於不切實際的標準與期待。這種僵化的思維可能會讓他們無法對伴侶完全敞開心胸，也無法擁抱人類連結中那些混亂、不完美的面向。

完美主義者也會很難放下戒心，沒法對伴侶展現脆弱的一面，因爲害怕如果他們展露了眞實的自己，就會遭受批評或拒絕。他們可能會把維持完美的表象擺在第一位，只對外面的世界呈現出自己最精雕細琢的那一面。這種不願意展現脆弱可能會對親密關係造成阻礙，遏止了關係中眞切的情感連結。

此外，完美主義者可能會很難交出控制權，允許他們的伴侶在關係中擁有獨立性與自主性。他們可能很難接受不同的意見或妥協，會緊抓著自己嚴苛的期望與標準。這可能導致關係中的權力紛爭與衝突，因爲伴侶兩人都會覺得自己被打壓或覺得沒被傾聽。

**那麼我們該怎麼做呢？難道就只能放棄自己的標準嗎？還是只能隨遇而安？完全就放棄自己的需求和期望嗎？**

絕對不是這樣的。我並不是在說，因爲你是個完美主義者，所以你現在就要完全變成不是完美主義者。還記得我們提到完美主義是存在光譜之中嗎？試著從光譜中的灰色區域來思考你的期望。這目的是要找到你能夠接受的甜蜜點。或者，就像是精神分析學家溫尼考特（Donal Winnicott）所說的，試著從「夠好了」的角度來思考你的期望。

溫尼考特醫師提出「夠好了」的概念。我相信，這是建立健康關係非常重要的一環，不論你是否認同自己是完美主義者。

不過，首先，這個「夠好了」的觀點是什麼意思呢？溫尼考特醫師是在客體關係理論的母親與小孩關係脈絡下，提出了「夠好了」的理論（溫尼考特發表的「親子關係理論」〔The Theory of the Parent-Infant Relationship, 1960〕，刊登於《國際精神分析期刊》〔*International Journal of Psycho-Analysis*〕）。

根據溫尼考特，一個「夠好了」的母親未必是個完美的母親——一個沒有任何缺陷的母親，或者一個從不失敗或從不做錯決定的母親——而是一個和她小孩的需求有連結的母親，能夠提供持續的照顧與支持。這個概念不僅限於親子關係，也適用於生活中的各種面向，包括伴侶關係。

在伴侶關係和完美主義的脈絡中，「夠好了」的概念也是格外恰當的。完美主義者可能很難找到符合他們理想化標準的伴侶，經常在尋找能在每個方面都體現完美的人。然而，溫尼考特的概念指出，這樣的完美是不切實際且無法達到的。

**相反地，我們實際需要的伴侶，是一個夠好了的人——他們或許不是完美無瑕的，但他們有能力給予愛、支持與理解。**

從這個觀點來看，有完美主義傾向的個人，可能從調整他們的預期中受益，擁抱「夠好了」的伴侶這樣的概念，這涉及了認知到沒有人是完美的，以及關係是建立在相互接納、妥協以及成長之上。透過放掉追求完美，並且擁抱「夠好了」的概念，我們能夠根據務實的期望與真切的連結，培養出更健康且更令人滿足的關係。

以下是「夠好了」的伴侶看起來的模樣：

一、他們敏感且理解：一個夠好了的伴侶能夠敏銳感受你的情緒需求，並且以同理與關心來予以回應。他們會積極傾聽，認同你的感受，並且不帶批評地提供支持。

二、他們始終如一：他們在言行上會展現可靠性與一致性，在關係中形成安全感與信任。不論人生的起起伏伏，你都可以信賴他們會在一旁持續支持著你。

三、他們包容接納：他們會接納你的本質，接受你的瑕疵和一切，不論是你的長處或不完美之處，他們全都欣賞。他們會擁抱你的獨特性，並且支持你的個人成長與自我探索。

四、他們樂於溝通：一個夠好了的伴侶會開誠布公地溝通，尊重且和善地表達他們的想法、感受和需求。他們會鼓勵開誠布公的對話，以及努力一起有建設性地化解衝突。

五、他們留意界線：他們會尊重你的界線，並且鼓勵你在關係中設定並維持健康的界線。他們了解個人自主性的重要，並且支持你的獨立與自主。

六、他們支持成長：他們鼓勵並支持你的個人成長與職業成長，當你在追逐自己的目標與夢想時，會在一旁鼓舞你。他們是你最大的啦啦隊，一路上鼓勵並推動著你。

七、他們有調適能力：隨著關係進展，他們也願意和你一同調適與成長，認知到改變是生命中很自然的一部分。他們有彈性地面對挑戰與轉變，並且有意願一起學習與成長。

八、他們展現眞切的愛：最重要的是，一個夠好了的伴侶會愛你、接納你的本質、並且在艱難的時刻仍站在你身邊。他們的愛並不是以完美作爲前提，而是著重在眞切的連結以及兩人共享的關係。

以下是「夠好了」的伴侶不會有的特質：

一、他們不會施虐：一個夠好了的伴侶不會施加任何形式的虐待，不論是身體虐待、心理虐待或精神虐待。他們會把你的健康與安全放在第一位，在關係中形成一個信任與安全的環境。

二、他們不會給出混亂的訊號：一個夠好了的伴侶會開誠布公地溝通，而且他們會說到做到。他們是很坦率且表裡如一的，可以很清楚了解他們在關係中的立場。

三、他們不會不負責任或不誠實：一個夠好了的伴侶是可靠且值得信任的，他們會遵守承諾，會說到做到。他們不會從事欺騙的行爲，不會透過偷情或出軌來背叛你的信任。

四、他們不會無禮不尊重：一個夠好了的伴侶會和善、同理、且體貼地對待你，會重視你的想法、感受和意見。他們不會貶低你或不尊重你，他們也不會打擊你的自我價值或信心。相反地，他們會鼓舞你和支持你，協助你在關係中成長茁壯。

任何關係若要成長茁壯，特別是那些我們爲自己選擇的關係，非常關鍵重要的是要認知到，關係是雙向的，需要相互的尊重、理解以及兩人都有意願給予和接受愛。完美主義者可能需要學習放掉自己對於控制和完美的需求，轉而擁抱伴侶關係的起起落落。有時候，重點就在於允許自己和伴侶能夠流動、適應一段健康且令人滿足關係中不斷改變的動能。

當個人固著於做出完美的決定，會有非常多的事情需要考量。這個決定在十年之後是否仍合適？這會導致什麼結果？這在未來五年對我會有什麼樣的幫助？如果我要挑選一個人生伴侶，他們會成爲很棒的父母嗎？我們到了七十歲時還會很恩愛嗎？

我們怎麼會知道？我們是在幻想的情境中——我們還沒看到投資的股票給我們帶來收益，我們還沒看到我們的伴侶成爲母親或父親，我們還沒七十歲（如果你們有人已經七十歲了，那麼，是的，你現在知道了）。有這麼多未來的衡量指標是我們無法控制的。接下來是我們眞的需要知道的事情，如果你覺得這有幫助，就把它運用在你的人生當中。

與其試著做出完美的決定，結果陷入了停滯不前的狀態——無法體驗當下並且在過程中獲得經驗——倒不如了解「夠滿意」了的概念。

這是「滿意」與「足夠」這兩個詞的綜合體，由司馬賀（Herbert Simon）所提出（司馬賀的著作《管理行爲：行政組織決策過程研究》〔*Administrative Behavior: A Study of Decision-Making Process in Administrative Organization*, 1947〕），組成了「夠滿意」這個詞——用來提議一項適切的方案，而非把效益最大化的方案。考量到尋求替代方案的相關成本，採用「夠滿意了」的方案，有可能會是最佳的選擇。據司馬賀表示，由於人類的知識有限，明智的做法就是，採取務實的步驟去找到最佳的方案。這些方案或許不會達到最大的利益，但卻是更實際且可以達成的。

在浪漫關係中，這不也是很適當的方式嗎？畢竟，我們無法預期伴侶的長期態度以及我們可能會有的反應，這會給關係增添複雜性。

我們有許多人都會勉強接受最低限度，因此對於接受只是夠好了的東西，會存在許多的恐懼和負面感受。但知道你的夠好了是什麼樣子，實際上就是了解自己與了解自己重視的事物，所以，未必會是壞事。

想要在人生中追求卓越、追求最好的結果是很自然的事情。然而，很重要的是要認知到，接受「夠好了」未必就等於平庸或自滿。

**了解什麼對你來說是「夠好了」，實際上是一種很深刻的自我覺察與區分優先順序**。這過程涉及了內省與反思個人的價值觀、目標與渴望。透過分辨哪些事物對我們是真正重要的，並且把我們的選擇校準這些重要事物，我們就能在自身的決定中獲得清晰感與信心。

接受「夠好了」並不意謂著降低我們的標準，或者在我們的抱負上讓步。相反地，這顯示出的是，我們有意識地做出尊重真實自我且能促進自身整體健康的決定。這是關於在努力提升與接納自己和現實環境之間找到平衡。

我可以協助你了解，關係和生命中所有重要的面向一樣，需要時間、空間和努力來讓關係能進化與茁壯。就算你相信自己已經找到了完美的伴侶，這趟旅程也不是就停在那裡。事實上，這是兩人共同的冒險才要開始的時候，過程中會充滿成長、挑戰和共享的經歷體驗。

即使你找到了完美的伴侶，要記得，那只是起點，而非目的地。儘管合得來與價值觀相符是重要的基礎，但光是這些並不足以維持長久的關係。伴侶兩人必須都積極地滋養和投入在關係中，才能維持關係的活力與滿足。

有效的溝通、相互尊重和同理，都是滋養強健且有韌性的關係連結所需的重要養分。重點在於支持彼此，即使是在艱難挑戰的時刻中，也要有意願一起努力面對和處理衝突與差異。即使是最好的關係，也會需要個人或兩人一起的持續調適與成長。隨著人生景況的轉變，關係的動能也必須轉變。這可能包括了重新評估優先順序、設定新目標、以及帶著韌性與彈性來探索預料之外的挑戰。

重要的是要認知到，完美並不是一個靜止的狀態，而是持續成長與發展的旅程。

我確實看過某些領域中即使是感情最好的伴侶也會出現爭執，這相對的也會促進他們的成長。我想特別提到這些領域：

一、**溝通風格**：你和你的「夠好了」的伴侶，可能有著不同的溝通風格或偏好。你們兩人想要有效地溝通，就需要找到共同點，例如在討論重要事情之前，先騰出一段時間進行開誠布公的對話，積極傾聽彼此的觀點，並且尊重彼此對於空間或反思的需求。

二、**個人界線**：在個人空間、隱私和自主性方面，每個人都有各自的界線與自在程度。要了解個人的界線，可能需要開誠布公地討論與尊重彼此的限制、溝通必要妥協、以及找到方式平衡個人需求以及關係的需求。

三、**社交活動**：在社交或者花時間陪伴朋友與家人方面，你和你的「夠好了」的伴侶可能會有著不同的偏好。要在社交活動上妥協，可能需要找到尊重伴侶雙方渴望的中間立場，例如交替進行參與彼此的社交圈、計畫兩人都喜愛的活動，或者必要時安排獨處時間。

四、**財務決策**：金錢在關係中可能是個敏感的議題，每個伴侶在財務方面可能有著不同的態度和不同的重視面向。要做出更平順、更好的財務決定，可能會需要一同制定預算、討論長期財務目標，並且找到雙方都認同的方式，來管理未來的支出、儲蓄以及投資。

五、**家務責任**：分配家務和責任有時可能是關係中造成緊張的因素。討論每個伴侶的強項和偏好、公平分攤任務，而且在分配工作上保持彈性，並支持根據個人的行程與承諾做調整，能夠協助家務更順暢地運行。

六、**事業與人生目標**：你和你的伴侶可能有著不同的職業志向或人生目標，而這需要來自雙方的理解與支持。可能需要花些心思，才能有效地討論個人的優先順序，找到方法支持彼此的志向，並且一同做出符合共同價值觀和未來願景的目標。

這突顯出了足夠透澈地了解你的優先順序與需求的重要性，以便能正確地區分誰對你來說是夠好了的伴侶。缺乏自我覺察或者界線感薄弱的人——或許是受到恐懼或社會壓力的影響——可能會忽視了自己對伴侶的必要要求。

舉例來說，財務很穩定的人，或許需要一個有類似財務價值觀與穩定性的伴侶，但他們有可能忽視了這個關鍵的面向，而和一個在財務上才剛起步的人投入關係中。同樣地，一個內向的人有可能會選擇一個極度外向的伴侶，導致感覺疲憊不堪，因爲經常的社交互動而感到無力招架。

關鍵就在於要認知到，一個夠好了的伴侶未必是與我們全然相反的人。這個決定不應該完全受到依附情結或社會規範所影響。相反地，一個夠好了的伴侶是能夠符合基本條件，且適配你的核心價值觀與需求的人。

你必須把融洽性和相互成就的重要性，放得比完美更高。這涉及了認知到沒有關係是完美無瑕的，而且妥協與調適是不可避免的。

一個「夠好了的伴侶」就是個「夠令人滿意」的伴侶。

**要處理阻礙你確實活出和體驗人生的完美主義，有兩個有效的方式就是，練習自我疼惜以及減少內在那個挑剔的聲音，也就是那個對我們自己最嚴厲的批評聲音。**

完美主義者通常有著高標準。這些標準未必都是壞事——這些標準可以協助我們的成就與表現。但當他們持續提高自己的標準時，問題可能就會出現了。許多完美主義者很快就會漠視自己的成就，無法把任何的勝利視爲成就好好品嘗，而是誓言下次還要做得更好。

透過持續提高標準，會讓標準一直無法達到。結果他們就會覺得自己一直都在失敗，儘管他們已經達到了很出色的成果。

另一個會損及進展的模式就是，以嚴格僵化且沒有彈性的方式來面對設下的標準。當工作上的好表現變成了「我必須在每項企劃和每一次的報告中都獲得讚賞」，這變成了一種標準，一種規則。而這也造成了巨大的壓力，再次使得他們感覺自己很失敗。

這兩種情況都可能導致長期的自我批評，讓我們一直覺得自己就是不夠好。

用蘇米雅的例子來協助你了解什麼是可能的賦予力量情境，能夠把她從完美造成的停滯不前中拉出來，協助她給予她喜歡的人一個機會。

蘇米雅是個積極在尋找伴侶的完美主義者。她對自己和他人都有著高標準，而且在約會這件事情上，她經常擔心著要做出「完美的」選擇。她一絲不苟地分析著每個可能的伴侶，尋找缺點和不完美之處。也因此，她發現自己經常對自身的約會體驗很不滿意，覺得沒有人符合她認爲的完美伴侶理想形象。她害怕會做出錯誤的選擇，結果投入了一段無法達到她的標準的關係裡，因此，她對於做出承諾一直裹足不前。

蘇米雅也可以逐步地調整自己的想法，走出完美造成的停滯不前狀態。方法如下：

一、與其固著於想要找到完美的伴侶，反倒可以把焦點轉移至找到符合她核心價值觀的人，以及會以尊重和和善對待她的人。她可以提醒自己，沒有人是完美的，而不完美可以增添關係的深度與廣度。

二、與其把約會視爲追逐完美的過程，蘇米雅反倒可以將之視爲成長與自我發現的機會。她可以擁抱認識不同人的歷程，並且在過程中逐漸更加了解自己。

三、蘇米雅可以質疑在約會中做出「錯的」決定就會帶來災難這樣的信念。她可以提醒自己，約會是個學習的過程，而每一段關係不論是否長久，都會提供寶貴的學習與洞見，給她帶來個人的成長。

四、與其被困在害怕拒絕或失敗的恐懼中，蘇米雅反倒可以練習自我疼惜，並且提醒自己，在約會過程中犯錯和遭遇挫折是沒關係的。她可以允許自己不完美，並且相信自己有韌性能夠面對任何遭遇到的挑戰。

我們會陷入這樣的循環中，也有一大原因是，我們內在那個嚴厲又超愛批評的聲音。有個很棒的方式能改變我們的現實，也就是先覺察到我們內在的聲音，注意到這聲音在對我們說什麼。那個聲音也稱作自我對話或內在對話，這指的是我們頭腦內持續出現的思緒或信念。這聲音講述著我們的經歷，詮釋著我們的情緒，並且影響著我們對於自己以及對周遭世界的看法。要覺察我們的內在聲音，就要培養警覺，留意我們頭腦中出現的想法和信念。

**我發現給我內在的批評者取名字格外有幫助**。透過給我的內在批評者取一個名字，我也就創造了一種距離，讓我能夠不把它變成我的身分認同，藉此下意識地從內在創造改變它的力量。

我的內在批評者名字叫科莫莉卡（Komolika），她很喜歡說我在很多事情上都不夠好。她的話很多，但我會反駁她。不過，並不是每次都這樣。

咱們來看看蘇米雅的內在批評者可能會說什麼。

一、「你永遠找不到能夠符合你所有標準的人。你太挑剔了。」

二、「你跟這人約會是在浪費時間，他們對你來說不夠完美。」

三、「如果你勉強接受不完美，結果你就會不快樂，後悔你的選擇。」

四、「你還不夠好，沒有人會想跟你在一起。永遠不會有人符合標準。」

五、「你會考慮這段關係，根本就是個錯誤。這關係並不完美，所以是不值得的。」

調整她的內在聲音來賦予她力量，而不是限制她，聽起來可能會像是：

一、「你有著高標準，是因為你重視自己，也重視伴侶的特質。做挑選是沒問題的。」

二、「你是在給這個人一個機會來展現他們真實的自己，而不是只用你的第一印象做判斷。你對於探索他們的優點與潛能保持開放態度。」

三、「完美並不存在，沒關係。你願意接受不完美，並且一同面對挑戰。」

四、「現在的你就是值得愛與尊重的。你並不需要很完美才能值得一段令人滿足的關係。」

五、「你是在給予愛一個機會，也知道那是會有風險和不確定性的。你很勇敢，願意敞開你的心房，給這段關係一個成長的機會。」

穆達坐在她小小的沙發上，無意識地滑著 Instagram，擔心著即將到來的星期一。她給一個大學朋友的照片按愛心，這朋友是她一直很景仰的榜樣，蘇米雅。蘇米雅在幾分鐘前貼文。照片中是她漂亮的新公寓——那景色和視野都美極了。哇，她真的擁有一切耶。穆達挫敗地嘆了口氣，往後躺靠著她老公的肩膀，繼續滑著手機。

# 8

# 焦慮迴避型人格

## 為何異性相吸又相斥？

「他媽的，他爲什麼不回訊息？」梅格納（Meghna）看著她的室友，怒火中燒，眼眶泛淚。

安德莉拉（Oyendrila）看著她，「冷靜，妹子，冷靜。放輕鬆，給他一些空間。他有空就會回你訊息了。你不需要這麼焦慮。你們五分鐘前才剛通電話而已。」

「是啊，我知道，可是我在講完電話後傳訊息給他，他到現在都沒回覆。他都不了解這對我有多重要。」

「喔，我了解這對你很重要，但他也可能有事情在忙，他現在可能是在他爸媽那裡，可能是在開車，或是什麼其他事情。或許他現在還沒有心思回覆你。」

「不對，他現在沒什麼事。我很清楚。」

「那麼，或許就讓他放鬆一下？聽著，我要出去買杯咖啡，你要一起來嗎？」

「不要。」梅格納氣嘟嘟地說。

安德莉拉出門之後，梅格納感受到一股強烈的憤怒。那種讓你腹部絞痛、讓你的喉嚨鎖緊、那種好像要從你的耳朵和眼睛爆出來的憤怒，她整個人癱軟，大聲哭了起來。

她想到自己，身在異地他鄉，孤單又悲傷，而安德莉拉則是自由又開心地出門去買咖啡。

安德莉拉的伴侶超棒的。她是個有自信的女人，而且她的關係沒有戲劇性的情節，也沒有哭天喊地的咒罵。一切是那麼的穩定。梅格納哭嚎著，沉浸在自哀自憐中。她離鄉背井，在邦加羅爾（Bangalore）找到一份工作，只爲了能夠和住在這裡的男友卡錫克（Karthik）近一些。但現在她幾乎天天以淚洗面，天天吵架，天天都感覺非常孤單。她把頭埋進枕頭裡，繼續大哭。

現在已經是晚上了，梅格納在夜晚詭異的寂靜中醒來。她拿起電話查看卡錫克有沒有回覆。她的手機上沒有任何通知。當她打開公寓裡的燈，她在鏡子裡看見自己的臉。

這不是她的作風。她才不要坐在這裡，爲了一個不在乎自己的男人哭泣。她值得更好的。她把頭髮紮起馬尾，打給同事阿米恩（Armeen）。

「嗨，寶貝，什麼事？」

「寶貝，走吧，找個地方放鬆一下？」

「好，你想去那間新咖啡館嗎？他們有很棒的冰滴咖啡。」

「不了，咱們去喝酒吧。現在是週六夜！」

「哈哈，好啊，今天去老漢酒館好嗎？我記得他們有特價活動。我們九點在那邊見？」

「讚，就這樣，到時見！」

梅格納微笑著，她開啓卡錫克的聯絡資訊，按下一個按鍵，在所有的平台上都把他給封鎖了，同時等待著安德莉拉回來。

「嘿，你要出門嗎？你有跟卡錫克講上話了嗎？」

「對，我要去老漢酒館，你要一起嗎？有我和阿米恩。然後，今天晚上不要再提到卡錫克，拜託啦。」

安德莉拉眼神都亮了起來。「好啊，當然好。謝謝，一定會很好玩！」

「快準備出門吧，我們九點前要到。」

老漢酒館是完美的聚會場所——酒水便宜，靠近地鐵站，而且客群很年輕。女孩們挑了一桌坐下來開始聊天，梅格納掃視著四周。人群看起來很不錯，可是，爲什麼每個人都有伴？難道每個人都有戀情還是什麼的？她的眼神停在附近的一桌，有兩個男人在抽菸聊天。嘿，不錯。

其中一個男人就在那個當下轉過頭來，他們四眼相接。梅格納心跳漏了一拍。就那麼一毫秒的眼神接觸，爲何會有這麼強烈的觸電感覺？她壓抑著笑容，回到女孩們的交談中。

阿米恩看著她。「怎麼了？」她問道。

梅格納朝男人的方向使了個眼神。「不要看。」她用嘴形說著。當然啦，兩人都往那方向看去，然後笑了。

「他也在看耶。」安德莉拉興奮地說。

梅格納回頭看，的確，他也在往她的方向看。他朝她點個頭。她回了一個微笑，然後用嘴形向她朋友說：「什麼啦？」

這夜晚很快就升溫了。兩個小時後，所有的女孩和男孩都在前往續攤路上。現在是凌晨一點。在她們就快到達續攤地點時，安德莉拉看著梅格納，眼睛張得比平常更大一些。

「怎麼了？」

「爲什麼卡錫克打電話給我？」安德莉拉問道，把手機拿給梅格納看。「我想是因爲我把他封鎖了吧。」梅格納滿不在乎地說。

「什麼？你爲什麼要封鎖他？我該說什麼？這是怎麼回事？他知道嗎？我不想要擔這個責任。梅格納，不管發生什麼不好的事都不是我的責任。」

梅格納反駁她。「別緊張，把你的手機給我。」她切斷了電話，「有看到嗎？你現在不用負責了。」

卡錫克和梅格納坐在一間雅緻的咖啡館內吃週日早午餐。氣氛很緊繃。卡錫克很安靜，反常地安靜。

「你還好嗎？」梅格納第十五次問道，「很好，梅格納，別再一直問我這個問題。」

「不是，我覺得有事情很不對勁。你在生氣嗎？」

「不是，我沒生氣。」

「不對啊，告訴我，拜託啦，我知道你在生氣。是因爲昨天晚上的事情嗎？」

卡錫克沒說話。他只是看向別的地方。

「好吧，不要告訴我。那我們坐在這裡是幹嘛？我要走了，可以嗎？」梅格納站起來，不過她沒有進一步的動作。「你要告訴我你怎麼了嗎？」

卡錫克還是沒說話。

梅格納再也控制不住了。「天啊，你到底是怎麼了？你他媽的不會講話嗎？」她幾乎是在大吼大叫。

卡錫克看著四周。「別鬧了，梅格納，拜託，這裡還有其他人。」

「那又怎麼樣？那有什麼關係？你他媽的有在在乎我嗎？我就在這裡，問你怎麼了。我還睡不到五個小時。我得到的卻是這樣的對待？我他媽的不值得被這樣對待。不值得。」她看著卡錫克，她想要離開，但她的腳卻牢牢地黏在地上。

卡錫克看著她，最後終於說：「好吧，如果那是你想要的。」

梅格納無法相信卡錫克會那樣說。回家的計程車路程格外難過。梅格納哭到不行，連計程車司機都拿水給她喝，這只讓她哭得更難過。不過，她不禁覺得自己反應過度了。如果她冷靜下來的話，或許卡錫克會願意說話。或許他只是很不爽，因爲她把他給封鎖了。她再也無法忍受。她最好趕快傳訊息給他，免得爲時已晚。

在淚眼朦朧之間，她打出了這訊息。「我愛你。對不起。」卡錫克立刻按了愛心，然後用動畫圖回覆說「我也是。」梅格納嘆了口氣。她感覺輕鬆了一些。她感覺被愛，感覺現在沒事了。她臉上露出了一點笑容。

你覺得怎樣呢？你覺得這是浪漫的嗎？是正常的嗎？是關係中很重要的部分嗎？

如果你是這麼覺得的，那麼讓我來告訴你一件事——你看到的是依附情結帶來的深刻且激烈的痛苦。而那需要許多的了解、覺察和探索才能轉變成安全和安定的關係，有空間給伴侶雙方表達感受、情緒和看法，並且雙方都是在關係中保有自由的觀點，而非充斥著各種想要、需要、渴望以及不斷的拉扯。

除了與父母的關係之外，我們和浪漫伴侶的關係，通常是我們人生中最重要的關係。也因此，我們可能會下意識地透過我們和父母關係的經驗來看待愛情，展現出來的行爲方式，也會反映出我們相信自己應該被愛的樣子。這可能以各種不同的方式呈現，包括把伴侶拿來和父母做比較，以及期待他們能夠很直覺地了解我們的需求，不需要我們很明確地告訴他們，就像父母經常能夠預判並且滿足小孩的需求一樣。

關鍵在於要認知到，這種行爲模式，儘管是可以理解的，但未必是反映出成人的愛。成人關係中的愛，理想上應該帶有相互尊重、開誠布公溝通和相互情感交流等特性，而不是依靠不說清楚的期望與假設。

在了解成人愛情時，可以澈底改變遊戲規則的方式，就是去熟悉心理學家約翰．鮑比（John Bowlby）和瑪麗．愛因斯沃斯（Mary Ainsworth）的理論。鮑比研究了小孩與主要照顧者之間的依附模式，愛因斯沃斯則是進一步擴展該研究（英格．布雷瑟頓〔Inge Bretherton〕在一九九二年發表的「依附理論的源頭：約翰．鮑比和

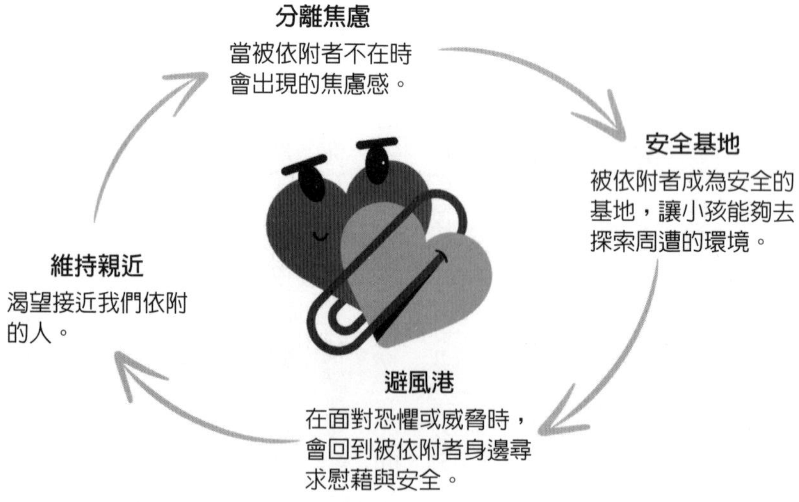

分離焦慮
當被依附者不在時
會出現的焦慮感。
安全基地
被依附者成為安全的
基地，讓小孩能夠去
探索周遭的環境。
避風港
在面對恐懼或威脅時，
會回到被依附者身邊尋
求慰藉與安全。
維持親近
渴望接近我們依附
的人。

依附循環

瑪麗・愛因斯沃斯」（The Origins of Attachment Theory: John Bowlby and Mary Ainsworth），刊登於《發展心理學》（*Developmental Psychology*）期刊）。

根據鮑比的觀察，依附情結有著很清楚的行為模式與動機模式。當小孩感到害怕時，他們會想要靠近他們的主要照顧者，藉此來得到安撫與照顧。

依附理論的核心主題就是，主要照顧者能夠陪伴並且回應嬰孩的需求，會讓小孩培養出安全感。小孩會知道照顧者是可靠的，因而建立起安全基地，讓小孩能夠去探索世界。

心理學家瑪麗・愛因斯沃斯在一九七〇年代大幅擴展了鮑比的研究。在她稱作「陌生情境」（Strange Situation）的研究中，研究者觀察了十二歲到十八歲之間的小孩，當他們被短暫地留在陌生環境中，之後又和母親重聚，這段期間內他們會對這情境做出什麼樣的反應。

愛因斯沃斯的陌生情境評估包含了下面的步驟：

一、父母和小孩獨自待在一個房間裡。
二、小孩在父母的照看下自由地探索這房間。
三、一個陌生人進到房間裡和父母互動，然後接近那小孩。
四、父母悄悄地離開房間，只留下小孩和陌生人在一起。
五、父母稍後回到房裡安撫小孩。

據觀察，小孩會出現下面這三類的反應：

一、當照顧者在房內時，小孩會和陌生人互動，但當照顧者離開時，小孩很明顯變得焦躁，但看到照顧者回來時還是會很開心。這類的小孩有信心自己的照顧者會出現，來回應他們的依附需求以及做溝通。

二、小孩會迴避或忽視照顧者，不管照顧者離開或回來，都沒有太多的情緒變化。這類小孩並不太會去探索他們的環境，不論這環境裡有什麼人的存在。

三、小孩即使是在分離前就已經展現出焦躁的跡象，當照顧者回來時，小孩會變得非常黏人，而且難以安撫。對於照顧者的離開，他們會展現出氣憤來作爲回應，或者展現出被動的無助感。

在分析了參與者的回應之後，愛因斯沃斯提出了三種主要的依附形式：**安全型依附**（secure attachment）、**焦慮型依附**（anxious attachment）和**迴避型依附**（avoidant attachment）。其後，研究者梅恩（M. Main）和所羅門（J. Solomon）（梅恩與所羅門於一九八六年發表的「發現新依附模式：混亂型依附」〔Discovery of a new, insecure-disorganized/disoriented attachment pattern〕，收錄於約格曼〔M. Yogman〕和布列茲頓〔T. Brazelton〕的著作《幼

兒時期的情感發展》〔*Affective Development in Infancy*〕）根據他們的研究結果，提出了第四種依附形式：**混亂型依附**（disorganised attachment）。

依附理論指出，我們年幼時與照顧者的經歷，會形塑我們的依附形式，進而影響到我們在接下來這一生中形成與維持關係的方式。

透過把依附理論的原則套用在成人的關係連結上，我們可以更深入地了解我們自身的依附形式，及其對我們關係的影響。這項覺察能讓我們辨識並處理任何可能影響我們與伴侶互動的不健康依附模式或

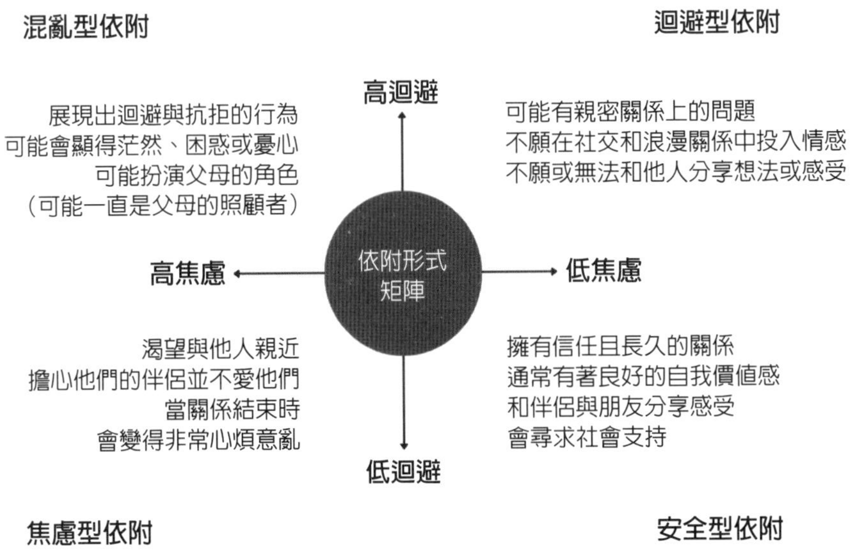
混亂型依附
迴避型依附
高迴避
展現出迴避與抗拒的行為
可能會顯得茫然、困惑或憂心
可能扮演父母的角色
（可能一直是父母的照顧者）
可能有親密關係上的問題
不願在社交和浪漫關係中投入情感
不願或無法和他人分享想法或感受
高焦慮
依附形式
矩陣
低焦慮
渴望與他人親近
擔心他們的伴侶並不愛他們
當關係結束時
會變得非常心煩意亂
擁有信任且長久的關係
通常有著良好的自我價值感
和伴侶與朋友分享感受
會尋求社會支持
低迴避
焦慮型依附
安全型依附

不同的依附形式

行爲。

咱們來了解每種依附形式，在浪漫關係中看起來可能是什麼模樣：

**安全型依附：**

一、開誠布公地表達他們的情緒，促進情緒親密。
二、尊重伴侶的界線，同時也維護自身的界線。
三、在憂慮或不確定的時刻，給予伴侶支持與慰藉。
四、對於關係中的親密與獨立性都感到很自在。
五、有效地溝通，有建設性且尊重地化解衝突。

**焦慮型依附：**

一、經常要向伴侶尋求保證，來緩解自身對於遭遺棄的恐懼。
二、當伴侶不在或無回應時，會感到焦慮或痛苦。
三、傾向超級聚焦在關係上，有時會忽視了自身的需求。
四、害怕被拒絕，可能會有吸引注意或吸引人接近的行爲。
五、很難信任伴侶的意圖，而且可能會很負面地詮釋有歧義的情境。

**迴避型依附：**

一、把獨立性與個人空間擺在第一位，有時會對伴侶有情感疏離的狀況。
二、難以展現親密與脆弱，覺得開放地表達自身情緒是很有挑戰的事情。
三、保持情感疏離來保護自己免於可能的拒絕或傷害。
四、可能會逃避承諾或長期關係，害怕會失去自主性或者被關係給吞噬。

**混亂型依附：**

一、在關係中展現飄忽不定或無法預測的行爲，持續在親近與疏離之間擺盪。
二、在過去關係帶來的未解決創傷或未化解問題中苦苦掙扎。
三、對關係訊號的回應缺乏一致性，導致伴侶的困惑。
四、難以調節情緒，導致反覆無常或混亂的互動情況。
五、經歷內在衝突，且對親密關係有矛盾心理，經常在渴望連結以及害怕被傷害或被拒絕之間游移不定。

現在我們對依附理論及其對浪漫關係的影響已經有了基本的了解，來探索一個很常見但也常被誤解的（或者應該說是很少被理解的）互動關係，這是很多人都可能遇到過的——焦慮型依附者形成與迴避型依附者的關係連結，或者是反過來的情況。

這樣的組合通常會出現非常多的挑戰，包括關係中的混亂、戲劇化、眼淚、逃避和焦慮。各種觸發因素、未化解的創傷、遭遺棄的課題以及相互依賴，全都交錯在一個複雜的情緒網絡中，使得愛情的道路更加艱難。

**焦慮型依附者與迴避型依附者之間的拉扯，是關係中很常見的模式，特性就是由兩種相反依附形式所組成的連結。**焦慮型依附者傾向在關係中渴望親近與親密，會向伴侶尋求保證與肯定，藉此舒緩他們對於遭到遺棄或遭受拒絕的恐懼。另一方面，迴避型依附者會把獨立性和依靠自己放在第一順位，對於展現情緒親密與脆弱通常會感到不自在。在焦慮型依附者與迴避型依附者組成的關係中，焦慮型伴侶可能展現的行爲，會被視爲是「推促著」親近與連結。他們可能經常會向伴侶尋求保證，表達強烈渴望需要情感肯定，而當他們的親近需求沒被滿足時，就會變得焦慮或痛苦。這可能呈現出來的行爲有經常打電話和傳訊息、經常需要關注，或者對他們認爲的拒絕或遺棄跡象變得過度敏感。

相反地，迴避型依附的伴侶，可能展現的行爲會被解讀爲「脫離」或在關係中保持距離。他們可能會把自身的獨立性與個人空間擺在第一位，避免表達情緒的討論或者展現脆弱，並且會在伴侶尋求親近或親密時抽離。他們可能很難表達自己的情感或者很難更深入地連結，導致焦慮型依附的伴侶會感覺挫折或遭拒絕。

這種拉扯的情況，可能在關係中造成衝突與緊張的循環，焦慮型依附的伴侶努力尋求保證與親近，可能會觸發迴避型伴侶對空間與自主性的需求。這可能導致誤解、傷害感情，以及造成兩人的不安全感。

焦慮型與迴避型組成的關係，通常一開始是一種磁性的吸引力，把兩個人如飛蛾撲火般拉向彼此。一開始時，這種連結的熱切程度非常的來電，點燃兩人之間的熱情。然而，隨著時間過去，關係中可能會開始出現裂痕。

這種破裂的情況，通常會發生在兩人都是在不經意之間墜入愛河，對於自身的需求沒有覺察，而且無法認知到伴侶不同的習慣或行爲。在一開始的階段，兩人的注意力主要都聚焦在令人陶醉的化學作用和關係的興奮感上，而不是更深沉地內省與理解。

**焦慮型依附者，一開始會被迴避型依附者的哪些特質所吸引？**

一、**神祕的氣質**：迴避型依附伴侶的疏離與獨立本質，一開始可能很吸引焦慮型依附者，造成一種神祕的氛圍。

二、**自信**：迴避型依附伴侶的自我肯定態度，可能散發出自信，對那些想尋求肯定與安全感的人來說，會是很迷人的特質。

三、**獨立**：迴避型依附伴侶明顯的自力更生特質，且有茁壯發展的能力，無須經常尋求慰藉與情緒支持，這些可能都會對焦慮型依附者很有吸引力。

四、**挑戰**：焦慮型依附者可能把迴避型依附伴侶，視爲一項要去戰勝的挑戰，相信他們能夠突破迴避型依附伴侶的情緒壁壘，贏得他們的愛與情感。

五、**熟悉性**：迴避型依附伴侶的行爲，可能類似於焦慮型依附者在過去的關係或家庭互動中建立起的模式，讓他們感覺熟悉且自在，儘管這些都是在無意識的層面上運作。

### 迴避型依附者，一開始會被焦慮型依附者的哪些特質所吸引？

一、**溫暖且有感情**：焦慮型依附伴侶富有情感且善於表達的特質，可能會在一開始帶來一種溫暖感受與情感連結，這是讓迴避型依附伴侶感覺很舒服的氛圍。

二、**互補性**：迴避型依附伴侶傾向在情感上疏離，但他們通常會受到非常支持且尋求親近的伴侶（焦慮型依附伴侶）所吸引。這情況的發生是因爲，焦慮型依附伴侶的支持行爲，填補了迴避型依附伴侶的缺口，後者本身則是很難給予相同程度的情感投入。

三、**尋求安撫**：焦慮型依附伴侶會經常向他們的伴侶尋求安撫與認可，一開始可能會滿足了迴避型依附伴侶想要在關係中感覺被需要與被重視的渴望。

四、**強烈情緒**：焦慮型依附伴侶強烈的情緒回應以及愛與奉獻的表達，一開始會被迴避型依附伴侶視爲是對他們的誇讚與肯定，進而提振了他們的自尊心。

五、**熟悉性**：焦慮型依附伴侶的行爲，可能類似於迴避型依附者在過去的關係或家庭互動中建立起的模式，讓他們感覺熟悉且自在，儘管這些都是在無意識的層面上運作。

然而，經過一些時日，隨著關係進展，未解決的課題和相衝突的依附形式就會浮出表面，給焦慮型與迴避型的伴侶之間帶來挑戰與摩擦。依附形式中的不安全感所造成的行爲模式會變得益發明顯，造成了誤解、情緒混亂，以及日益升高的不滿足感。

很快地，對話就會從「我覺得你好神祕」變成「你總是很疏遠而且情緒冷漠」，或者「我從來都不知道自己在你心目中的地位。感覺你一直在遠離我」，或者「我覺得一直都只有我在努力維持這段關係。」

而在另一邊，迴避型依附者則會從「我喜歡很有愛也很有表達力的你」，變成了「你老是又黏人又需要關注。我需要呼吸的空間」，或者「爲什麼你就是不能信任我？你一直需要保證，很讓人窒息」，或者「我覺得你想要控制我或者侵入我的個人空間」，或者「你老是過度反應，小題大作。」

爲什麼會這樣呢？

這情況太過複雜，並不會只有單一的答案。

會出現這情況通常是因爲各種因素的組合，而這些因素是根深柢固在個人的本質中，由他們的生命經驗所形塑。不論是受到家庭背景、天生性格、社會環境或過去關係的影響，這些元素都會形成我們的恐懼以及信念，認爲關係應該是什麼模樣或者可以是什麼模樣。這情況在迴避型依附和焦慮型依附者身上都適用。

一、**家庭背景**：一個人孩童時期的家庭互動方式，在形塑其依附模式上扮演了重要的角色。一個人可能成長在一個不鼓勵情緒表達的環境中，或者獲得的照顧不穩定的環境中，這會導致迴避型依附或焦慮型依附傾向的發展。

二、**天生性格**：有些人可能天生就有獨立以及依靠自己的傾向，使得他們更容易發展出迴避型依附的行爲。還有些人可能對情緒線索高度敏感，且對親近與連結有著強烈渴望，這些都是焦慮型依附傾向的特質。

三、**社會環境**：社會規範以及文化上對關係的期望也可能影響依附形式。強調自給自足與情緒堅忍的文化脈絡，可能會促進迴避型依附的傾向，而那些重視浪漫關係中的依賴性以及熱切情緒表達的特質，則可能促成焦慮型依附的模式。

四、**過去關係**：先前的浪漫關係經驗可能深深地影響依附形式。創傷或失衡的關係，可能挹注深刻的遺棄恐懼或遭拒絕的恐懼，強化了焦慮型依附的行為。同樣地，在過去關係中感覺窒息或被吞噬的經歷，可能導致迴避型傾向的發展做為保護機制。

焦慮型依附者通常傾向以情緒大爆發來展現，事後又會懊悔，引發焦慮，想要伴侶立即給予安撫保證，可能因為「大吵大鬧」引人注目的行為而惡名昭彰，這會讓迴避型依附的伴侶非常驚恐。就像梅格納在早午餐時的表現。在這樣的情境中，另一邊的迴避型依附伴侶，就像上述例子中的卡錫克，會希望可以鑽進地下躲起來，但那又是不可能的事，所以就會試圖躲避，退縮一步（或者退好幾步），採取防備或完全封閉，這又會讓焦慮型依附的伴侶感到失望，他們只是想要對方說幾句話來安撫或肯定他們的行為或痛苦。

在觸發的情境中，我們傾向會做反應（被情緒或外部刺激所觸發的自動本能行為），而不是做回應（在反思和考量情境後做出的考慮周到且有意識的行動）。這些反應不只是行為而已，而是我們的恐懼、希望、夢想、期望，以及不符合當下觸發情境的陳述等因素融合所帶來的結果。如果我們沒有學著了解這些反應，學會做出回應而不是衝動的反應，那就會導致對關係的損害。

此外，這些反應大多是下意識的。因此，在經歷一陣反應事故後，人們可能會說「我剛剛失去理智了」、「那不是我」、「我無法控制」，或者「我不是故意的」，但是此時傷害通常已經造成了。

我想用我稱作「超市走道上的小孩」的例子，來說明這情況以及這情況為什麼會發生。

想像一個情境，小孩跟著媽媽進到超市裡，在走進洋芋片的走道時看到一包洋芋片。那小孩渴望地問媽媽可不可以買。媽媽溫柔地拒絕，說家裡已經有零食了，那小孩最初的興奮感就轉為失望與挫折。

感覺無力又被未滿足的渴望給淹沒，那小孩的情緒迅速升溫，開始哭鬧大叫，甚至就在超市走道上當場耍起脾氣來，在意識到遭遇拒絕後，急切地想要重獲控制與安全感。

同樣地，焦慮型依附的人，可能會在關係中展現急切且情緒大爆發的行為特質。就像超市裡的小孩一樣，當他們的情緒需求沒被滿足，或感覺關係遭遇威脅時，他們可能就會很衝動且激烈地做出反應。

舉例來說，當他們的伴侶無法立即回覆訊息，或者在最後一刻取消了計畫，焦慮型依附的人可能就會出現焦慮和不安全感升高的情況。他們對於遭到遺棄的恐懼會觸發一連串的情緒反應，導致他們狂亂地試著要向伴侶尋求保證與肯定。

從這角度來看，焦慮型依附者的行為，就很像是那個超市走道上感覺受傷的小孩。兩者都是受到對安全與接納的根本需求所驅動，兩者都採取不顧一切的舉措，來應對脆弱與無助的感受。

那迴避型依附者會怎麼做呢？

在同樣的情境中，當迴避型依附的小孩看到一包洋芋片，而且表達了想要買那包洋芋片，他們的照顧者不假思索地駁回了他們的請求，只說他們並不需要那包洋芋片，然後沒再多說什麼就繼續前進。

那個迴避型依附的小孩，由於已經習慣了壓抑自己的情緒需求以及尋求獨立性，因此可能一開始會採取毫不在乎的態度來面對被拒絕這件事。然而，在內心深處，他們會感受到受傷以及失望的痛苦，渴望得到他們的照顧者沒能給予的肯定與連結。

迴避型依附的小孩，沒有像焦慮型依附的小孩那樣公開表達他們的情緒，反而是把被拒絕以及認爲自己不夠好的感受給內化了。這小孩學會了壓抑他們的脆弱，掩蓋他們對親近的渴望，採取一種漠不關心的態度來保護自己免於更多的傷害。

迴避型依附的小孩可能會在情感上與照顧者疏離，避免尋求安慰與保證，藉此來迴避再次感受到拒絕。他們可能退回到獨自的活動中，或者退回到自己的世界裡，在自己與他人之間築起一道牆作爲防禦機制，來抵擋可能的拒絕與遺棄。

迴避型依附者這種情緒疏遠以及不願意投入親密連結的情況，也會展現在他們與浪漫伴侶的關係中。就像超市裡的迴避型依附小孩，他們可能很難表達自己的情緒需求，並且會維持自主性與自給自足。

| 面向 | 焦慮型依附 | 迴避型依附 |
|---|---|---|
| **表達需求** | 開放地表達情緒，並且從照顧者或伴侶身上尋求肯定與親近感。 | 壓抑情緒並且保持距離，藉此避免展現脆弱，並且維持獨立性。 |
| **調適機制** | 以強烈的情緒做回應，並且尋求外部肯定與支持。 | 以情感疏離與依靠自我做回應，避免依賴他人的支持。 |
| **遭到拒絕的處理方式** | 把拒絕視為遺棄，且會透過尋求保證與肯定來舒緩焦慮。 | 把拒絕看做預料之事，並保持自給自足，避免依賴他人做為情感支持。 |
| **關係模式** | 傾向形成依賴且黏人的關係，需要伴侶不斷地給予保證與肯定。 | 傾向形成疏遠且漠然的關係，避免展現情緒親密與脆弱性。 |
| **長期影響** | 可能因不安全感和依賴性的問題而受苦，導致難以維持健康的界線與自主性。 | 可能會在親密與信任問題上苦苦掙扎，導致難以形成深刻的情感連結，且難以維持長久的關係。 |

這張表可以協助你了解，兩種類型的小孩想要的是類似的東西，但他們反應的方式和調適機制都是不同的。

當我們能夠看見伴侶的內在小孩，就能夠讓成年的關係眞正成長茁壯。「內在小孩」是從榮格的理論中擷取的一個概念，這概念指出，每個成年人內在都有一部分仍保持著小孩的狀態。這個內在小孩仍保有著年幼時的情緒、經歷和純眞。通常的情況下，成年關係中的行爲與情緒回應，都會受到這個內在小孩的影響，特別是在童年時如果有沒被滿足的需求或沒有解決的問題的情況下。

要看見我們伴侶的內在小孩，會需要了解並且同理那些形塑他們當前行爲與反應的底層情緒、需求與經歷。這會帶領我們了解關係中更深沉的面向。

一、**了解脆弱性**：就像小孩一樣，成人也帶有過去經歷造成的創傷與脆弱。透過辨識並承認我們伴侶的這些脆弱性，我們能夠培養出同理與憐憫，進而給關係帶來更深刻的連結以及親密感。

二、**同理反應**：當我們看見我們伴侶的內在小孩，我們會有更好的準備，能帶著同理與了解來回應他們的情緒與需求。與其有防備地或輕蔑地對他們的行爲做反應，我們可以帶著和善與耐心來對待他們，認可他們的感受，並且提供支持。這也會帶來更好的有效溝通。

三、**療癒與成長**：承認我們伴侶的內在小孩，讓我們能夠創造一個安全且滋養的環境，讓療癒和成長可以發生。透過給予接納，我們會協助我們的伴侶感覺被看見、被聽見和被重視，並且賦予他們力量去探索與處理他們過去的傷口與創傷（不過，他們也必須要願意這麼做）。

四、**建立信任與安全感**：當我們對我們伴侶的內在小孩展現同理與憐憫，我們會在關係中建立信任與安全感。只有當我們有意識地創造安全感與歸屬感，我們才能強化我們的伴侶關係的基礎，並且創造一個空間讓伴侶兩人都能自在展現脆弱與眞實的自己。

自我覺察是任何種類的改變、療癒和成長都必須要有的部分。伴侶們必須要致力於更加覺察自身的依附模式及其對行爲與關係互動的影響。這包括了辨識尋求保證與肯定的模式，或抽離與逃避的模式，而這要從了解驅動這些行爲的底層恐懼與不安全感開始。

能夠大幅協助焦慮型依附者個人成長與關係互動的其他特質有：

一、**耐心**：焦慮型依附者受不安全感所苦，需要伴侶不斷給予安撫保證。培養耐心可以讓他們處理自身的焦慮，並且信任關係的穩定性，不去太過依賴外在的肯定。

二、**信任**：焦慮型依附者要能在關係中感受安全，建立信任是至關重要的，這包括了辨識並質疑不理性的遺棄恐懼或拒絕恐懼，同時要培養信心，相信他們伴侶的承諾與可靠性。

三、**情緒調節**：練習技巧來管理他們的反應並且與情緒連結，例如正念、深呼吸或寫日記等技巧，能夠協助預防在衝突過程中或在不安全感的情況下出現情緒暴走。健康的調適機制有助於降低對外部肯定的依賴，並且建立更大的情緒韌性。

四、**界線與自我肯定**：會讓焦慮型伴侶大大受益的一件事情是，設定並維持健康的界線，來保護他們在關係中的情緒健康與自主性。這包含了培養無須伴侶肯定的自尊與自我價值，並且學習堅守自身的需求與偏好。

五、**與安全且誠實的人約會**：選擇值得信任、可靠且誠實的伴侶，能夠給焦慮型依附者提供一個安全的基礎，讓他們能夠感受被重視與被支持。交往的對象能夠尊重他們的感受並且開誠布公地溝通，有助於舒緩焦慮，並且促進情緒安全的感受。

六、**一致性**：焦慮型依附者會在有一致性與可預期性的關係中茁壯。有個展現一致行為與樂於給予回應的伴侶，有助於降低焦慮，並且在關係中建立安全感。

這些則是有助於迴避型依附者改善關係品質的特質：

一、**願意溝通**：迴避型依附者通常難以公開地表達他們的情緒和需求。培養溝通的意願能夠讓他們和伴侶分享他們的想法與感受，促進更高的親密感與理解。

二、**與安全且可靠的人約會**：和一個有耐心、理解且讓人安心的伴侶在一起，會對迴避型依附者有幫助。有個樂於給予支持的伴侶，能尊重他們對空間的需求，同時也能給予情緒支持，會有助於創造安全的環境，讓迴避型依附者能敞開心房做連結。

三、**耐心**：迴避型依附者可能需要時間才能信任並全心投入一段關係。對自己和伴侶有耐心，讓他們能夠探索自身的依附模式，並且隨著時間逐步建立起親密感與信任。

四、**對新體驗保持開放**：培養擁抱新體驗與觀點的意願，能讓迴避型依附的伴侶受益，提升他們的心智彈性，並且能對不同的觀點保持開放態度。要培養這樣的開放性，就需要他們跨出舒適圈，挑戰自身僵化的信念或假設，並探索不同的思維與行爲方式。

五、**降低防備**：迴避型依附的伴侶可以努力降低防備，以及降低對伴侶回饋或批評的抗拒。這可能包含學習不帶防備地傾聽，克制不變得過度反應或無視，以及開放心胸接受自我檢視與個人成長。

六、**處理不足感**：迴避型依附的伴侶，能夠對抗造成他們防備或迴避行爲的不足感與無價値感。這包括了挑戰負面的自我對話，建立自我肯定與自信，並且認可自己與生俱來的價値，知道自己是値得被愛與被接納的。

**儘管如此，請務必記得，依附情結是存在一段光譜上的**。

雖然我們可能認同某種特定的依附形式，並不意謂著我們注定只能與之共行。我們可以透過內在的努力，辨識有破壞性的模式，改變自己在關係中呈現的方式。並不是說焦慮型依附就是好的，迴避型依附就是不好的。焦慮型與迴避型組成的伴侶，在有意識的努力、溝通、耐心與理解之下，也可以有健康的關係。

以下是焦慮型與迴避型伴侶可以一起努力培養的一些領域：

一、**有效的溝通**：伴侶必須一起努力改善溝通技巧，並且創造一個安全且支持的環境，讓兩人都能開誠布公地表達想法、感受以及擔憂。這包括了直接且誠實地對待需求與感受而不是採取消極抵抗的方式，積極聆聽（並不是固著於某個字詞上，不是把這個字詞抽出其脈絡之外做討論，也不是在你的伴侶說話時，思考著你該要如何回答，而是試著實際聆聽他們在說什麼），暫停一下消化所有的資訊，然後帶著同理心做回應，並且認可每個人的經歷體驗。

二、**化解衝突**：有個明確的跡象顯示出你的關係正在成長，就是當你們兩人都能夠公平地爭吵，不會害怕衝突。衝突是任何關係中很自然的部分。如果你願意忽視衝突帶來的不舒服，衝突實際上是通往伴侶更深沉的需求、想望和情緒的窗口。我們要如何降低那種不舒服的感受，好讓我們能夠超越令人畏懼的衝突情況呢？透過學習如何爭吵。反覆無常的焦慮型與迴避型伴侶組合，能夠學習有建設性的方式來處理衝突和失望，例如，運用以「我」開始的陳述。舉例來說：不要說「你從來都不聽我說話」，這樣說可能讓另一方更加防備，使用以「我」開頭的陳述，可以協助我們更有建設性地表達自身的感受：「我覺得沒被聽見，我們在討論重要議題時，我的意見似乎都被忽視了。能感覺我的想法有被考慮，對我來說是很重要的。」當我們用一連串的「你做了什麼」和「你是什麼樣子」之類的陳述，我們的伴侶會感覺被逼到了角落，因此很容易進入防備的模式。這對於有建設性的對話沒有幫助。這些伴侶也可以開始練習在爭吵過程中，如果情緒太高張，就暫停休息一下。然而，你們之後必須花時間再回頭做討論，讓這件事不至於變成大家心中不能提到的疙瘩。另一個重要的方式就是，積極地透過相互理解與尊重來尋求妥協或解決衝突。

三、**建立信任與安全感**：兩人也絕對必須一起把能夠在關係中建立信任與安全感的行動與行爲，放在第一位，例如持續一致的溝通（不能忽冷忽熱，或者在沒有溝通的情況下失聯好一段時間，知道會有一個人可能因爲你的失聯而感到擔憂或焦慮）、可靠性以及在有需要時給予彼此支持。若沒有伴侶雙方的安全感、承諾、誠實和忠誠，沒有關係能夠長久維持，至少無法以健康的方式持續下去。不論我們或伴侶有什麼樣的依附模式都不重要，到頭來重點都在於這些基本的事物。

梅格納正要前往她人生的第一次單獨旅行。她既興奮又緊張，無法相信自己終於要這麼做了。經過好幾年又好幾個月的深思熟慮與焦慮，終於促成了這一天的到來。卡錫克也在默默地鼓勵她要大膽走出去，完成她願望清單上的這件事。

「你想要的話，就去做吧。」他一直這樣告訴她。

在她深深地長吸一口山上清新的空氣後，她撥了視訊電話給卡錫克。她把美景分享給他，而他微笑著。

「我很高興你很享受這趟旅程。要穿多件一點啊，那邊感覺很冷。」卡錫克建議。

梅格納點點頭。「卡錫克，謝謝你給我的鼓勵，我感覺很有力量。」

兩人都笑了，儘管相隔兩地，卻感覺深刻地連結著。

# 9

# 關係中的
# 憤怒、壓抑與調節

在處理憤怒方面，大致上分爲兩種類型的人。

**甲類：**

- 我覺得我快要因爲憤怒而爆炸了。
- 我眞的很想要砸東西。
- 我現在只是失去理智了，請迴避不要擋我的路。
- 我覺得我被附身了，我內在有好多的憤怒。
- 我要讓他們他媽的付出代價。
- 我不在乎——我現在很生氣。（然後開始大吼大叫地咒罵）

我確信你一定曾經在人生某些情境中見證到一些或全部上述的狀況——不論是在接收的那一方，或者你就是那個高聲怒吼的人。

又或者，如果你並不認同，那麼你可能會更認同下面的陳述：

**乙類：**

- 我從來都不會亂發脾氣。
- 我沒有生氣，我只是累了，我要去睡一下。
- 我沒有對誰感到生氣，眞的。

- 這並不值得大吵大鬧。
- 沒關係，隨便啦。
- 我不夠在乎，笑死。
- 沒關係，我沒事。別擔心。

你覺得哪一種比較好呢？很顯然是乙類，對吧？

你現在應該已經了解到了，我們越不去以絕對的好或壞或非黑即白的方式來看事情，是越好的。脈絡、細微差異、灰色地帶，這些全都是很重要的，事實上，這些才是更重要的因素。

上述的兩類行為是對相同事情的不同反應——憤怒的感受。我們在這邊看到的是不同調適機制的展現。

甲類是無法控制自身怒氣的人，而且可能會為他們的行為找藉口。他們可能會嘗試逃避為他們生氣時造成的傷害負責，把一切怪罪給憤怒。造成這類行為的部分原因可能是：

一、**缺乏情緒調節技巧**：甲類的人缺乏有效調節自身情緒的必要技巧，特別是在處理憤怒方面。他們可能很難以健康的方式辨識與表達自身的感受，導致情緒爆炸成為回應壓力或挫折的預設方式。

二、**潛在議題**：無法控制憤怒以及為有害行為找藉口的傾向，可能是源自底層的心理課題，例如未化解的創傷、自我價值低落，或者像抑鬱或焦慮等情緒失調。這些心理課題可能造成了高張的情緒反應，以及難以處理強烈的情緒。

三、**習得的行爲**：對某些人來說，憤怒模式與找藉口可能都是學習來的行爲，都是從童年經驗發展出來或是受到照顧者塑造的。如果在一個人的生長環境中，憤怒被正常化，或者經常用藉口來讓傷害的行爲正當化，他們可能會內化這些模式，在成年後也很難跳脫這些模式。

四、**防衛機制**：給傷害行爲找藉口有可能是一種防衛機制，藉此保護個人的自我形象以及避免罪惡感或羞愧感。透過把他們的行爲歸因於憤怒等外部因素，他們可能暫時舒緩自身的不自在，並且迴避了爲自己的行爲負責。

五、**逃避責任**：甲類的人可能會採取找藉口的方式，逃避面對他們的行動後果以及他們對他人可能造成的影響。透過轉爲怪罪憤怒情緒或外部環境，他們可能試圖逃避責任，並且把自身行爲的嚴重性降到最低。

六、**害怕展現脆弱**：在憤怒與找藉口的背後，甲類的人通常是懷著底層對脆弱與不足的恐懼。承認犯錯或者爲自己的行爲負起責任，可能會需要他們面對這些恐懼，並且承認自己的限制，這可能是很不舒服的，而且對他們的自我概念造成威脅。

七、**有限的調適策略**：當面臨具有挑戰性的情況或觸發因素時，甲類的人可能調適機制有限，只能以反覆無常的方式來表達憤怒。他們缺乏管理壓力或衝突的替代方案，導致他們採取熟悉的行爲模式，不論那些行爲模式是否有害或無效。

乙類這群人則是很難認同憤怒，或者不願承認自己在生氣，而且很努力地不要把憤怒展現出來。他們在感受到憤怒浮現時，就會責怪自己，他們甚至會因爲不是「愛生氣」的人而自豪。其底層的原因可能是：

一、**壓抑情緒**：乙類的人已經學會了壓抑他們的憤怒，作爲在關係中迴避衝突和維持和諧的方式，或者符合社會對於應該克制情緒的期待。最重要的是，他們把憤怒視爲不被接受的或不被喜歡的，並且盡其所能抑制或否認他們的感受，而不是承認感受並且加以表達。

二、**害怕衝突**：不願意展現憤怒，可能也是源自害怕衝突或害怕表達強烈情緒可能帶來的負面結果。這些人可能把避免衝突或避免激怒他人擺在堅定自身需求或界線之前，導致他們壓抑自身的憤怒，藉此來維持和平，主要因爲當衝突出現而且感覺失控時，他們有可能實際上無法處理這情況。

三、**內化的信念**：乙類的人可能也有些下意識的信念，或者可能接收了來自其教養或文化環境的訊息，認爲憤怒就等於軟弱、不穩定或失敗。

四、**完美主義傾向**：這些人也可能以高標準的自我控制和情緒調節來要求自己，而且有著不切實際的期望，隨時努力著要維持沉著、理性和自制。他們可能認爲感受憤怒就是沒能達到這些標準，因此會因爲感受這樣的情緒而進行自我批評和自我責難。他們也可能把自己的情緒克制視爲成熟、自律或道德優越的呈現。

五、**避免展現脆弱**：承認憤怒可能讓人感覺脆弱或暴露，因爲那會需要他們面對關於自己或自身環境的不舒服眞相。乙類的人可能抗拒承認他們的憤怒，作爲保護自己免於因爲脆弱而感受羞愧、尷尬或遭拒絕的方式。

六、**遭誤導的調適策略**：乙類的人可能採取的調適策略，是把迴避或否認憤怒擺在第一位，作爲應對壓力、衝突或人際挑戰的方式。他們可能會說服自己認爲，忽視或抑制他們的憤怒，憤怒就會消退，或者就能避免憤怒對自己或他人造成傷害。

**儘管表達憤怒的方式不同，但甲類和乙類的人卻有一個共同的底層主題。爲何會如此？**

對於甲類的人來說，對控制的需求會呈現在過度的憤怒表達，像是大吼大叫或是攻擊性的行爲。這些人在強力堅守自己的感受時，可能會感覺到力量或支配感，運用憤怒作爲向他們的環境或向他人施展控制的方式。

透過迴避、壓抑憤怒來尋求控制，或者展現出「我不在乎」的態度，伴隨諷刺做爲輔助，這是乙類人會採取的做法。他們不會直接去面對不舒服的情緒或衝突，而是會反駁或無視該情境或他人的感受，藉此維持對自身情緒狀態的控制感。透過否定憤怒的存在或者無視憤怒的嚴重性，他們試著與不舒服的情緒保持距離，並且維持沉穩與超然的表象。他們也很難直接表達憤怒，通常需要採用被動攻擊的方式釋放他們的挫折感，或者在看起來沒有對抗的方式下堅守他們的主導性。他們可能會運用諷刺、挖苦式的讚美或者明褒暗貶的方式，打擊他人信心或操弄他人的情緒。

在兩種類型中，底層的驅動因素都是害怕失去控制。

其中一類害怕被情緒給淹沒，或者在可見的威脅前顯得無能爲力，因而以展示攻擊性來做回應，藉此主張其支配地位，並且重拾控制感。而另一類則是害怕承認並表達憤怒所帶來的脆弱與不自在，因此他們會避免這麼做，維持一種情感抽離的感覺，抑制自身內在的感受。

很有意思，不是嗎？

這裡又不得不提到另一種憤怒的面向——若一直經常由獲得控制權的感受接管憤怒情緒，很快地，憤怒就會轉變成爲**施虐**。

甲類人可能展現的施虐行爲：

一、**暴怒**：想像一下，一個人在與伴侶因一個小小的意見不合而爭吵的過程中變得暴怒。在一波宣洩怒氣中，他們開始大吼大叫、丟東西以及威脅動手傷害身體，這種不受控制的憤怒爆發升級成虐待行爲，給伴侶造成一種恐懼和威嚇的氛圍。

例子：在關於財務狀況的激烈爭吵中，拉維（Ravi）感受到滿腔怒火，開始對著伴侶阿魯希（Arushi）大聲吼叫。他在暴怒中把皮夾丟過來，差點打到阿魯希的頭。阿魯希覺得很害怕，被拉維的爆炸給嚇到了，導致溝通破裂，兩人之間的信任也破裂。

二、**攻擊**：在激烈的爭吵中，伴侶其中一人以身體攻擊另一人，又推又打，又或者限制他們的行動。使用身體的力量來強加支配或控制，也等於跨入了身體虐待的領域，給受害者造成危害與損傷。

例子：在社交場合上的意見不合，讓維娜（Veena）變得憤怒，在他們的朋友面前怒推伴侶阿米特（Amit）一把。阿米特因此事件感到情緒創傷，也覺得尷尬與受傷，使得他在關係中感覺不安全與孤立。

三、**言語虐待**：在爭吵時，伴侶其中一人丟出了一連串的羞辱、輕蔑的話，使用貶低的語言刻意打擊另一人的自我價值與自信。言語虐待會透過使用貶損的語言、羞辱和貶低來引發情緒傷害，損及受害者的自尊與自主性。

例子：在一次關於財務狀況的談話中，不同的觀點轉變成了意見不合，安娜（Anna）對伴侶迪爾吉特（Diljeet）展開了一長串激烈的羞辱和貶低言論，說迪爾吉特是自私的魯蛇。迪爾吉特因而感到洩氣以及一文不值，打擊他在關係中的自尊與自信。

乙類人可能展現施虐行爲的方式：

一、**過度使用諷刺挖苦或被動攻擊**：就算沒有涉及明顯的憤怒，經常的被動攻擊和貶低的話語，還是會帶來深刻的傷害。這通常是源自底層的課題，像是不安全感、控制或是向他人展現力量的渴望。和明顯的憤怒不一樣的是，被動攻擊行爲可能更細微與隱伏，會很難辨識與處理。

例子：維爾（Veer）和蘇曼（Suman）正在討論他們的週末計畫。當維爾提議可以試試鎮上的新餐廳時，蘇曼挖苦地回覆說，那也就是他能提議最好的選項了，因爲那餐廳是廉價餐廳，而他的薪水這幾年來都沒有增加。當蘇曼注意到受傷的表情與沉默時，她試著要緩頰，說那只是個玩笑話。儘管蘇曼試圖把她的挖苦評論粉飾成開玩笑，但維爾仍因爲她的尖銳語調和批評態度感到受傷。他未來有可能變得不願意分享自己的想法或建議，害怕會遭受到蘇曼進一步的嘲弄或批評。

二、**冷戰**：在一次意見不合之後，有一段時間伴侶其中一人拒絕和另一人溝通或互動，以冷戰做爲一種形式的懲罰。收回溝通或情感做爲控制和操弄的方式，可能是一種心理虐待，造成受害者感到痛苦和孤立。

例子：在一次關於家務的爭吵之後，蘇尼（Sunny）對伴侶維沙爾（Vishal）進行冷戰好幾天，拒絕對話或承認他的存在。維沙爾因此感覺受傷與受拒絕，導致在關係中的孤獨與怨懟感。

三、**情緒操控**：當伴侶其中一人想要避免負責與面對情緒的不舒服感，而且還沒準備好要進行艱難的對話，他們可能會全然地拒絕或忽視任何情緒或另一人提出的擔憂。這種行爲會形成一種環境就是，伴侶會否認或淡化自身行爲、忽視受害者的擔憂，並且操弄他們對事實的認知。情緒操控會暗中顛覆受害者對自身體驗與感受的信任，使得他們感到困惑、懷疑自己，並且依賴施虐者來獲取肯定與認同。

例子：在忘了一次對約會夜的承諾後，庫沙爾（Kushal）否認曾經同意約會的決定，堅持說伴侶梅林（Merin）自以爲是過度解讀而且沒事找事來吵架。梅林開始懷疑自己的記憶以及對事件的觀點，結果倍感困惑，而且被否定，進而侵蝕他們對關係的信任感。

如果這樣還不夠清楚，那就讓我再說得更清楚一些——這些出自於憤怒的行爲，可能會摧毀關係。

為什麼呢？

**因爲一段健康且令人滿足的關係，只有在安全的情況下才能成長。**

安全是關係中的一大支柱，能夠增進信任、親密和情緒健康。咱們來熟悉一下關係中的不同安全類型：

一、**情緒安全**：

- 感覺自己的本質是被接納且被重視的。
- 能夠表達情緒，而不需要擔心遭到批評或責難。
- 對於感受和需求有開誠布公的溝通。
- 知道意見不合可以尊重且有建設性地化解。

二、**身體安全**：

- 在伴侶身邊能感到身體安全和受到保護。
- 相信你的伴侶不會對你造成身體傷害，也不會威脅你的健康。
- 界線受到尊重與維護，包括個人空間與自主性。

三、**信任**：

- 對於伴侶的可靠性和可依賴性有信心。
- 相信你的伴侶把你的最佳利益放在心裡。
- 確信你的伴侶會在關係中保持忠心與誠實。

四、**開誠布公**：

- 對彼此開誠布公，即使在艱難的時刻亦然。
- 避免欺騙、祕密或隱瞞意圖。
- 樂於開放地分享重要資訊。

五、**相互尊重**：

- 和善、尊重且體貼地對待彼此。
- 尊重彼此的界線、意見和自主性。
- 避免輕視、貶低或不尊重的行爲。

在任何健康的關係中，安全都是超級重要的元素。透過聚焦在不同種類的安全上，我們能夠爲一段關係建立強健的基礎，讓每個人都能感到安全與照顧。這也讓我們更容易能夠信任彼此，而且真正地彼此連結。當兩人都感到安全和受重視時，關係就能夠更強勁地成長，伴侶兩人也能一同發展茁壯。

當其中一個伴侶展現失調的憤怒情緒，就可能損及關係中這些安全面向，導致接收憤怒的那方會有這類的感受：

一、**如履薄冰**：伴侶可能會覺得自己一直要小心翼翼地避免觸發暴怒或衝突，這造成了緊張且令人焦慮的氛圍，溝通受限，眞誠無法展現。

二、**溝通破裂**：無法處理憤怒通常會導致溝通破裂，伴侶們可能會在情緒上封閉，或者會進行激烈的爭吵，使得緊張升高，而非解決問題。這種破局會抑制了開誠布公的對話，而這類對話是維持情感親密與連結的必要元素。

三、**缺乏信任**：無法控制的憤怒可能侵蝕伴侶間的信任，因情緒爆發或攻擊行爲可能讓另一方感覺不安全或被背叛。如果在盛怒之下承諾被打破、界線被無視，或者誠實打了折扣，信任也會進一步受創。

四、**不誠實、不坦率**：爲了試著避免衝突或者討好憤怒的伴侶，另一人可能會採取隱藏自身眞實感受或隱瞞資訊的作法，導致關係中缺乏透明度與眞誠性。一段時間後，這可能造成怨懟，損及信任的基礎。

五、**情緒與身體傷害**：失調的憤怒可能會升級成言語虐待或身體虐待，造成伴侶雙方的情感創傷或身體傷害。這會損害了雙方各自的安全與健康，也會引發關係中的暴力與失衡循環。

**所以，我們可以怎麼做呢**？

我們是否感覺憤怒？我們該如何處理憤怒情緒？

**我想要介紹給你第三類的人——沒錯，還有一個丙類**。

丙類的人會讓自己展現憤怒——他們會承認憤怒，承認伴隨憤怒而來的情緒，並且讓自己去感受憤怒時深深的不自在感。但他們也會透過溝通來表達他們的憤怒。他們知道，在生氣的同時進行對話、設下界線，而且不以暴力或施虐來進行交談，都是有可能做到的。

這看起來可能會像是：

- 我對於發生的事情感到非常生氣，我需要聊聊這件事。
- 我現在很生氣，但我想要找到對我們兩人都可行的解決方案。
- 我需要在這裡設下界線，因爲我感覺非常不被尊重。
- 我了解你的立場，但我需要你聆聽我的感受。
- 我不會忍受被這樣子對待，而且我需要處理這狀況。
- 我需要一些時間冷靜一下，然後我們再繼續這個對話。

• 我需要你了解到你的行動是如何影響我的。
• 我很重視我們的關係，但我不能忽視我現在的感受。

丙類的人向我們展示了，以健康的方式來處理憤怒是有可能的，而這需要承認並接納自身的情緒，並且以有建設性的方式來做表達。這可以透過這些方式做到：

一、**承認憤怒**：丙類的人了解憤怒是正常的人類情緒，並且允許自己不帶批評與壓抑地去感受憤怒。他們不會否認或抑制自己的憤怒，而是會承認憤怒的存在，並且了解到那是個訊號，顯示出有重要的事情需要他們的關注。

二、**感受不自在**：丙類的人不會逃避或麻痺憤怒的不舒服感受，而是會允許自己完全地體驗相伴而來的強烈情緒。他們認知到，憤怒會是很不舒服的，甚至是很痛苦的，但他們並不會逃避。透過允許自己去感受憤怒的完整影響，他們也會更好地了解其底層的成因與觸發因素。

三、**透過溝通來表達憤怒**：丙類的人了解健康且有建設性地表達自身憤怒的重要性。他們不會採取攻擊或暴力行爲，而是選擇堅定且有效地溝通自身的感受。這包括了以清楚且尊重的態度，表達他們的需求、擔憂和界線，即使是在憤怒的情況下。

四、**在生氣當下進行對話**：丙類的人認知到，即使是在憤怒的當下，還是有可能進行對話與討論的。他們了解到，憤怒未必會讓溝通偏離正軌，而且在憤怒的當下，還是有可能處理問題和衝突的。透過持續進行對話，他們也創造了化解衝突與理解的機會。

五、**在生氣當下設定界線**：丙類的人即使在生氣的當下，仍能夠堅守自己的界線和堅定自己的立場。他們了解到，要維持健康的關係與自我尊重，設定界線是至關重要的。他們不會破口大罵，也不退縮，而是會清楚且堅定地溝通他們的界線——即使當下正在經歷強烈的情緒。

六、**避免暴力或施虐**：丙類的人不認爲憤怒能做爲把暴力和虐待行爲正當化的理由。他們了解到，訴諸暴力或言語虐待，只會讓衝突升高，並且損害關係。相反地，他們會尋求非暴力且尊重的方式，來表達他們的憤怒與處理衝突，把健康的溝通和相互的尊重擺在第一位。

你可以看到，憤怒只是一種名聲很糟糕的情緒。這主要是因爲，社會上以及大眾文化中有比較多對憤怒的負面呈現，較少正面的呈現。但你知道嗎？憤怒是一種必要的情緒。而且是一種自然的原始戰鬥或逃跑反應。

我想要介紹給你「正向攻擊」（Positive Aggression）的概念（亞伯特．艾利斯〔Albert Ellis〕發表的「健康與不健康的攻擊行爲」〔Healthy and Unhealthy Aggression, 1976〕，刊登於《人文學期刊》〔*Humanitas*〕），這概念是由亞伯特．艾利斯提出的，他是理性情緒行爲治療法

（Rational Emotive Behavior Therapy/ REBT）之父，該治療法是認知行爲治療法的先驅。

在理性情緒行爲治療法的脈絡中，正向攻擊指的是以尊重、有建設性和目標導向的方式，堅定表達自身需求、渴望和界線。艾利斯相信，個人能夠以有建設性的方式，駕馭憤怒與攻擊的能量，藉此堅定自我，主張自身的權利，以及有效率地追逐自身的目標。

一、**堅定自信**：艾利斯強調堅定溝通的重要性，這是誠實且直接地表達自己，同時也尊重他人權利與界線的方式。正向攻擊包括爲自己挺身而出、表達意見與偏好，並且設定清楚的界線，而不訴諸被動或攻擊的行爲。

二、**理性回應挑釁**：與其衝動且具攻擊性地對認定的挑釁情況做出反應，艾利斯提倡要以理性且愼重的方式做回應。正向攻擊涉及挑戰不理性的信念、以更有建設性的角度來看待情境，而且堅定地做出回應而非本能地反應。

三、**自我倡導**：艾利斯鼓勵個人要在人際關係、職業環境和生命中的其他領域中，擁護自身的需求、興趣和健康。正向攻擊需要爲自己發聲、堅守自己的權利和界線，以及採取積極的舉措來堅定地處理問題或衝突。

四、**解決問題與化解衝突**：艾利斯強調運用正向攻擊，做爲解決問題和化解衝突工具的重要性。與其逃避衝突或讓衝突升高，反倒應該直接面對問題、進行開誠布公的溝通，並且透過堅定協調與妥協來尋求相互有利的解決方案。

五、**賦權與個人成長**：透過擁抱正向攻擊，個人可以感受賦權感、自我效能和個人成長。積極堅定主張自我以及有決心與韌性地追逐個人目標，可以提升自信、自我尊重以及情緒健康。

**關鍵在於要認知到，憤怒本身並非天生就是好的或不好的**。相反地，憤怒是一種強大且必要的情緒，警示著我們有可見的威脅、不公義或者我們的界線遭到侵犯。若受到適當的疏導與處置，憤怒可以驅動正向的行動，促進堅定自信，並有助於自我倡導。

如果你是丙類的人，恭喜你。但如果你不是，那麼我們就有些功課要做了。

甲類的人，聽好了，我們需要調節情緒，並且做出有效的回應，以免摧毀了我們的關係與心靈平靜，造成情況進一步惡化。以下是一些能夠協助你的竅訣：

一、**改變你的自我對話**：如果你是很常生氣的人，而且你也知道這件事，那麼你現在的自我對話大概要變成像是「爲什麼我不能少生氣一點？」或者「爲什麼我會像這個樣子？」用羞辱來讓自己不生氣，只會造成更大的挫折感。相反地，應該要聚焦在觸發事件上，並且確認那是不是你能直接控制的。有許多人生事件是我們以爲自己能夠控制，但實際上是我們完全無法控制的。

二、**提到「暫停」**：你有可能會本能地跳進問題中。想要抗拒這種本能反應，說比做容易，但就算只是一次深呼吸，或者暫停一分鐘，都會有助於讓你做出更好的回應。如果在工作上有人在等你回應，或者是你的伴侶在等你的回應，那就大聲地告訴他們，你需要想一下。深呼吸和暫停能協助你評估你可用的選項，並且打破平常熟悉的爆發模式。

三、**習慣在生氣時要這麼說話**：我提到過改變自我對話，但你和他人溝通的方式也和你如何與自己對話一樣重要。

**對他人說：**

- 我生氣時會需要空間和時間冷靜一下，請尊重我的獨處需求。
- 當我明顯在生氣時，我不會想要有人靠近我或者和人對話。

**請給我空間來處理我的情緒。對自己說：**

- 我願意致力於平和且有建設性地化解衝突，不會訴諸言語或身體攻擊。
- 我會在意見不合中尋求妥協與理解，而不是把衝突升溫或者試著「贏得」爭吵。
- 我會練習自我覺察和謹慎正念，盡早察覺憤怒跡象，並且透過調適策略來加以處置。
- 我會從事促進放鬆和降低壓力的活動，像是深呼吸、冥想或運動，藉此預防憤怒升溫。

乙類的人，以下的竅訣可以協助你們接納自己的憤怒，並且在溝通上更爲直接：

一、**提升自我覺察**：從連結你的身體和留意伴隨憤怒而來的身體感受開始，這可能包括下顎緊繃、拳頭緊握或者心跳加快。透過更加覺察這些身體的訊號，你可以在憤怒出現時察覺到，並且加以處置，而不是無意識地採取迴避或挖苦的反應。這要從練習正念技巧開始，像是深呼吸或者身體掃描正念冥想，與自己的身體感官連結。當你注意到憤怒浮現的跡象，暫停一下，然後不帶批評地確認該情緒。舉例來說，你可以對自己說：「我現在覺得很生氣，那是沒關係的。」做記錄也可以協助探索你的憤怒的觸發因素與模式。

二、**接納自身情緒**：有意識地練習接受憤怒是一種自然且正當的情緒，既不好也不壞，純粹只是人類體驗的一部分。這個方式符合接納與承諾療法（Acceptance and Commitment Therapy/ACT），該療法鼓勵個人不帶批評地承認自身的情緒。舉例來說，你可以把憤怒想像成天空中的浮雲——既不好也不壞，純粹是存在於當下。挑戰認爲憤怒本身就是負面或有害的這樣的信念。相反地，要把憤怒看做是個訊號，提醒說有件事對你很重要，或者有事情需要你的關注。練習自我疼惜，當感受憤怒時，給予自己和善與理解的對待，而不是批評自己有這樣的感受。

三、**堅定自信的溝通**：培養堅定地向他人表達你的感受與需求，這並不意謂著在憤怒時破口大罵，或是訴諸被動攻擊，而是要冷靜且直接地溝通你的擔憂或界線。透過開誠布公地表達自己，你可以在問題升溫之前就加以解決，並且根據相互尊重與理解來建立更健康的關係。培養堅定自信的技巧，挪出時間來練習堅定溝通技巧，例如使用「我」陳述（當你要處理一項問題時，以這樣的句子做開頭：「我覺得很生氣，因爲我以爲我們會出門，可是卻沒有」，而不是這樣說：「你眞是不負責任，你說話從來都不算話。」前面的方式會協助對方更好地了解你的表達，他們不會變得有防備心，而且這也會迫使你談到你的底層情緒，而不是去指責對方，只因爲指責是比較容易的），並且清楚且尊重地表達你的需求。從比較小而且比較沒有那麼情緒化的情境開始，然後再慢慢地擴展至較具挑戰的情境中。

四、**最後，把你的內在對話改成**：

- 憤怒是一種自然的情緒，我會感受憤怒是沒問題的。
- 我會不帶批評與羞愧地接受我的憤怒。
- 我能夠堅定且有建設性地表達我的感受。
- 我選擇以同理與了解來回應憤怒，包括我自己與他人的憤怒情緒。
- 我不再把憤怒視爲「不好的」，而是把憤怒看做寶貴的資訊與洞見來源。

關係只會因爲好的因素而強化（正向的互動、支持的話語、有愛的舉動、歡笑和關心照顧），這些好的事物才能讓關係有足夠的韌性面對糟糕的時刻。當伴侶們有意識地持續投入正向的互動，他們會創造善意與信任的儲備，能夠做爲緩衝，對抗不可避免的挑戰與衝突。

約翰・高特曼（John Gottman）博士提出了一個有意思的概念，稱作**關係中的情感帳戶**（Emotional Bank Account in Relationships）（高特曼發表的「婚姻關係解除與穩定性理論」〔A Theory of Marital Dissolution and Stability, 1993〕，刊登於《家庭心理學期刊》〔*Journal of Family Psychology*〕）。這概念強調了透過正向互動以及愛與感激的舉動，定期向關係情感帳戶存款的重要性。

就像在平常的世界中一樣，如果我們只是從帳戶裡提款，卻沒有做任何存款，我們很可能就會破產，帳戶餘額肯定會變成負數。情感帳戶也是一樣的，只不過，我們在情感帳戶中存提的，是正向互動與負面互動。

咱們把爭吵、意見不合或衝突（**負面的互動**）**視爲提款**，而愛與支持的話語、積極的傾聽，以及即使不能完全理解或同意也要同理伴侶的觀點（**正向互動**），**則視爲存款**。

高特曼博士認爲，若想要有令人滿足且平衡的關係，就應該要付出努力，好讓每一次發生提款的情況時，理想上都應該至少有五次存款，來維持健康的平衡。

這些存款可以有各種不同的形式，像是表達感激、展現情感、積極傾聽伴侶，以及一起從事能夠帶來喜悅和連結的活動。

現在是個很好的時機來思考一下：你的關係情感帳戶是否豐盛，又或者只是勉強收支平衡？

我們對各種情境以及對伴侶的回應方式是極爲重要的。當我們衝動做出反應或者讓情緒來主導我們的行爲時，就有風險會損害關係中的信任與親密。像是憤怒、怨懟和防備心等失調的情緒，可能會侵蝕關係的基礎。我們的浪漫關係承接了絕大部分我們失調的情緒，該是我們對自己的行爲及說話方式變得更有覺察的時候了。

## 測試你對關係存款與提款的理解

| 情境 | 影響——提款或存款？ |
| --- | --- |
| 在充滿壓力的工作日中，傳送一則貼心的訊息。 | |
| 忘記伴侶的生日。 | |
| 規劃驚喜約會夜，一起從事伴侶感興趣的活動。 | |
| 在爭吵中經常翻舊帳提起過去犯的錯誤。 | |
| 貶低伴侶的新嗜好，認為是浪費時間。 | |
| 主動詢問伴侶今天過得如何、感覺如何。 | |
| 以你知道伴侶會喜歡的方式公開地展現情感。 | |
| 每次伴侶和朋友聚會時，就表達嫉妒之情。 | |
| 花時間學習使用伴侶的愛的語言。 | |

| | |
|---|---|
| 不願公開承認伴侶的成就。 | |
| 對伴侶的外貌進行諷刺的評論。 | |
| 在意見不合時以冷靜且支持的態度做回應。 | |
| 一同為伴侶認為很重要的議題做志工。 | |
| 在平常的談話中指責伴侶太過敏感。 | |
| 用特別的晚餐來慶祝伴侶升遷。 | |
| 在伴侶說話時經常打斷插嘴。 | |
| 尊重伴侶的獨處需求，不讓他們覺得有罪惡感。 | |
| 在社交場合中，拿伴侶來和他人做貶低自己伴侶的比較。 | |
| 在辛苦一天後，質疑伴侶的感受。 | |
| 協助伴侶準備重要的報告。 | |

**說明**：閱讀情境欄位中的陳述，每一個情境有可能是提款也可能是存款。考量這些情境會給關係中的情感帳戶加分或扣分，在影響的欄位中寫下你的答案。有些陳述可能會比較複雜，所以要仔細地思考該情境的影響。

把你的答案和下面的解答做比對：

一、存款
二、提款
三、存款
四、提款
五、提款
六、存款
七、存款
八、提款
九、存款
十、提款

十一、提款
十二、存款
十三、存款
十四、提款
十五、存款
十六、提款
十七、存款
十八、提款
十九、提款
二十、存款

這項練習是設計來加深你的覺察，了解日常互動的細微差異，及其對健康關係帶來的影響。持續讓你的存款多於提款。我們可不想讓帳户見底，不是嗎？

# 10

# 心理負荷

## 那些看不見的辛勞

我坐在那兒，顫抖不已，終於了解到是什麼讓我如此惱怒——爲什麼我會變成一個嘮叨的老人？好吧，或許還不算老，但是，對啊，這個版本的我，連我自己都不喜歡。

我注意到自己比較少做那些曾經我很享受的事情——大聲唱歌，純粹享受我花很長時間精心打造和布置的空間，也就是我現在擁有的那個總是一塵不染的房子。更重要的是，我現在有了丈夫，他是我的人生伴侶，是一起共享歡樂時光的朋友，是心情低落時讓我依靠的肩膀，我在結婚後應該要感覺更快樂與滿足才是，爲什麼我沒有？那不就是社會承諾我們的事情嗎？但婚姻卻變成了我想要趕快下車的雲霄飛車，不過，很顯然婚姻並沒有緊急剎車按鈕。

別誤會了，我並不是說自己極度的不快樂。我有個很棒的伴侶——樂意傾聽與理解，呃，至少會試著理解我的觀點。那麼，我爲什麼會不快樂呢？

難道說我嫁錯了人？我現在完蛋了嗎？還是這就是婚姻的模樣？這些沒有明確答案的問題，沒日沒夜地困擾著我。

當然啦，我是個「感情專家」。好笑的是，一方面，我對於關係本身以及改善關係這件事有許多眞知灼見，但另一方面，我這個新婚人妻卻在苦苦掙扎。這整個情況一開始是如此矛盾，使得我注意到羞愧和罪惡感在自己內心角落探出了頭來。我感覺自己不夠好，而這更增添了壓力。我花了好些時間提醒自己我只是個凡人。我也有自己的問題。我也會動搖。我有時候也會做出本能反應，而不是像我處理客戶的問題那樣，盡可能客觀地看待自己的人生和關係。這對我來說是一段新旅程。我是第一次結婚，第一次踏入這個角色。我提醒著自己關於我的諮商師曾經告訴我的話：「我對自己有多仁慈，就會對別人有多仁慈。」謹記著這句話，我開始有意識地不對自己太嚴苛，讓自己當個凡人。

我開始觀察我周遭其他人的婚姻。人們似乎了解也接納了婚姻的意涵。眞的是這樣嗎？他們是否眞的快樂？還是他們純粹就是接受了一種信念，認爲婚姻就是這個樣子？他們似乎在扮演著不滿足的妻子角色，和好友聚在一起抱怨著老公，或者扮演著疏遠甚至搞消失的丈夫，以工作爲藉口找朋友一起鬼混。這似乎很正常，甚至很自然，是現代印度社會中所有已婚男女都會面臨的命運。

但在內心深處，他們眞的知道親密關係這件事嗎？不是性愛，而是親密關係。那種你能夠無畏懼地展現脆弱和說出內心話的親密？那種你與自身情緒同頻，而且準備好要承認與接納這些情緒的親密？由於我自己也無法回答這些問題，因此我轉向我認爲會有幫助的媒介——抱怨/宣洩情緒。

我一開始是向我母親抱怨和宣洩情緒。我告訴她關於我丈夫在洗碗後都不會把流理台和水槽擦乾。她似乎能理解。她嘖嘖了幾聲，對我的惱怒有共鳴，認同流理台沒擦乾確實非常讓人火大。但她又接著說：「至少他有洗碗啊，你應該要覺得感激了。」然後她開始哀嘆著，她曾經一個人獨自處理所有的事情，而老爸只被期望去做他應該做的事情——賺錢和工作。

那讓我更生氣了。我不了解，我的要求有不合理嗎。難道我的老公至少有洗碗，我就應該要感激嗎？這種困惑變成了我會在老公面前碎念和被動攻擊。我老公不了解是怎麼回事。畢竟他有洗碗了啊。現在是有什麼問題嗎？是的，流理台有點濕，但那就是流理台的目的，所以，那又怎樣？至少，碗盤都洗好了，不是嗎？

他沒有錯，但我並不平靜。我內心有種無法解釋的怨恨在翻滾著。儘管他盡了自己的努力在幫忙我，我還是無止盡地感到惱怒，這個版本的我，連我自己都無法認同。

不論我向誰抱怨或發洩情緒——不論是我的朋友、我的姊妹、我的母親或者網路上的路人——每個人都給我相同的觀點——調適。這就是婚姻的現實，是要花時間的。住在一起是很大的挑戰，而妥協是有幫助的。放手是另一個在婚姻中存活下來的大主題。

但我不知道該怎麼做才能放手。你要知道自己背負著什麼樣的重擔，才有辦法放掉這個重擔。但我知道的只是，我覺得好累。我覺得身負重擔，好像我在做很多事情。

這給了我一些想法。因此，帶著這些情緒，我去找我先生。埋首在工作中的他抬起頭來微笑著。我清了清喉嚨，開啓了對話。

「你今天忘了去丟垃圾。」

「什麼？不對，我有丟啊。」他回道。

「沒有，你沒把流理台上的牛奶盒拿去丟。」

「我把垃圾拿出去了。我沒看到什麼牛奶盒。」

「沒錯，那是因爲你只做你應該做的，結果就是我要做大部分的事情。」

「什麼？你有聽到自己在說什麼嗎？我不了解。不然我還應該要做什麼？」

「最後都是我獨自做大部分的事情。我很累了。」

「很累？我有幫你啊，我試著要一起做事，一直試著要幫你啊。你還想要我做什麼？我覺得你現在是沒有事情做，想要毫無緣由地找我吵架。我現在眞的沒空這樣子。」

「什麼？」我的聲音哽咽，眼淚不由自主地流下來。

「好，你在家裡會做哪些事情，告訴我。」我先生一直都是比較邏輯和理性的。「不，繼續說，我想要知道，既然我也有幫忙家裡的事情，爲何處理家務會對你不公平。」

我站在那裡，啞口無言。是的，我可以細數我做的事情，但並沒有多到可以把人淹沒——我有請廚子來幫忙，我有機器可以協助清潔和洗衣服，我有幫傭打掃家裡。那麼，爲什麼我會覺得自己身負重擔呢？我只是看著他，眼淚靜靜地流過我的臉頰。我無法理解自己的敵對情緒、忿忿不平以及心生不滿是從何而來。

這無關我在家裡做的事情，也無關我先生幫忙了家裡的哪些事情。但這問題是個更嚴重的事情。就在這時，我偶然看到了法國漫畫家艾瑪（Emma Clit）的漫畫。那漫畫內容是關於心理負荷（Mental Load）——大部分的女人在家庭中承擔的無形負荷。我無法相信自己的眼睛。我終於感覺被理解，也知道了我的不滿、挫折與焦躁是有原因的。那原因就稱作心理負荷。

心理負荷指的是看不見但很實質的認知與情緒負擔，在生活的各種面向上，特別是在家庭中，這種負擔通常會失衡地偏向某個人。這概念源自女性主義用語，點出了經常會被忽視的責任與做決定的辛勞，這類責任在讓日常生活順暢運作上扮演著重要的角色。

這個詞是在女性主義運動時出現，點出了家庭內責任分配不平衡的狀態，突顯出，除了身體的勞動外，有大量的心理重擔是由一個人來承擔的，通常是女人，由她們來組織協調日常生活中的各種不同項目。

**家庭裡心理負荷的例子：**

- **餐點計畫**：計畫餐點不只是煮飯而已，心理負荷還包括了決定營養選擇、配合每個人的飲食偏好、列出購物清單，以及考量未來的餐點安排。

- **管理行程**：協調家人行程，從各種預約到課外活動，這通常會變成一個人的責任，包括預先考量到時間衝突、確保準時到達，以及做出必要的調整。
- **記憶細節**：記得生日、紀念日和其他重要的日子，同時也要記得非個人的偏好以及特別事件，這些都是心理負荷的一部分。這項認知努力對維持社交連接與家人情誼是至關重要的。
- **房屋維護**：除了清潔與整理的勞動事務之外，相關的心理負荷還包括了規劃房屋修繕、記得修繕排程，以及就翻新或改善做決定。
- **協調孩童照顧**：計畫和安排小孩照顧的事宜，從安排玩伴到協調學校活動，這通常都是落在一個人身上，包括了預判需求、準備必要物品，以及確保小孩每日例行行程順暢。
- **情緒勞動**：心理負荷包含了情緒勞動，例如給予情緒支持、調解衝突，以及維持家庭裡的正向氣氛。這類情緒勞動對於家庭成員的整體健康是非常重要的。
- **財務規劃**：管理財務包括了計畫預算、支付帳單以及各種財務決定，而相關的心理負荷還包括了長期財務規劃、投資、以及制定未來目標。

我開始研究這個用詞。一方面，我很高興自己不是瘋了，我的婚姻也沒有被詛咒。另一方面，我很生氣——我以前爲什麼不熟悉這概念？我身邊的女性爲什麼不知道也不了解這概念？

爲什麼我沒有在哪個地方學習過這概念？在查閱過研究報告和數據後，我發現有許多研究和調查一致地突顯出一個明顯的眞相：家庭中的心理負荷，很不成比例地多數落在女性身上。儘管可見事務分配可能看起來很平衡，但複雜精細的規劃、組織和做決定，通常主要落在女性的肩膀上。

- 多年來世界各地的多項研究（珍寧・巴科斯特〔Janeen Baxter〕和馬克・韋斯特恩〔Mark Western〕發表的「家務滿足：檢視矛盾悖論」〔Satisfaction with Housework: Examining the Paradox, 1998〕，刊登於《社會學期刊》〔*Sociology*〕／達明格〔A. Daminger〕發表的「家庭勞務的認知維度」〔The Cognitive Dimension of Household Labor, 2019〕，刊登於《美國社會學評論》〔*American Sociological Review*〕）指出，相較於男性伴侶，女性通常花費較多時間在高心理負荷的事務上，像是計畫、組織和協調。
- 心理負荷分配不公，深深地影響了女性的健康，導致壓力升高、心力交瘁，以及無力招架的感受。
- 儘管並非絕對，常常會擴及到職業生活中，影響了女性的事業發展與機會，因爲她們要同時兼顧工作與家庭。

## 評量心理負荷

以下是一些自我評估的問題，協助你衡量自己是否可能正在經歷不平等的心理負荷：

- 家庭和工作上的任務，是否有在所有參與者之間做公平的分配？
- 你是否經常發現，自己在未經討論或同意下就承接了額外的責任？做決定的過程是否一同進行，或者是集中在某個人或特定群體身上？
- 你是否感覺能在做決定過程中，自在地表達你的意見和偏好？
- 你多常要負責處理他人的情緒健康與需求？在你的關係中或在工作上是否有針對情緒勞動的公平分攤？你是否曾公開表達自己關於任務分配的感受和需求？
- 在和伴侶、家人或同事討論責任分配時，你是否感覺自己被聽見和被尊重？
- 你是否能夠針對自己的時間和精力設定並維持界線？

- 在分配任務或拒絕時，你是否會有罪惡感或覺得焦慮？
- 你是否經歷過心力交瘁的跡象，像是慢性疲勞、易怒或者感覺無力招架？
- 這些感受是否連結到特定的責任或連結到生活中的特定領域？
- 你對於自己在承擔責任上的整體健康程度是否滿意？是否有特定的任務或角色持續造成不滿的感受？

「我有幫忙你做家務事」，這是現代印度男性的進步，這句話是先前世代的男人從來沒想過可以說出口的，或者甚至不認爲是有必要的。然而，儘管是個進步，還是有許多女人在有這種明顯的「協助」之後仍舊感到不滿足，這是因爲那個承擔大部分心理負荷的人，依舊還是必須策略性地規劃伴侶有能力給予哪種協助，並且進行計畫以及分配責任。

儘管想要「協助」家務的意圖是值得讚賞的，但其中的細微差異在於，了解到協助以及公平參與之間的不同。這也是爲什麼，光是**幫忙**是不夠的。**公平的參與**是：

積極協助與被動協助：只有在被請求時給予協助，或者是偶爾伸出援手，這些都不會紓解心理負荷。真的公平需要積極的參與，主動自發地分辨與完成任務，無須經常的提醒。以下是**日常家務情況**中的主動協助與被動協助——

在計畫餐點時：

**主動協助**：主動承擔計畫餐點的責任，研究食譜、制定一週菜單，以及整理購物清單。這還包括了考量每個人的飲食偏好、營養需求，以及即將到來的事件。

**被動協助**：只有在伴侶提起時才出手協助餐點的準備。儘管這是被感激的，但也缺乏主動性，沒有承擔起整個餐點計畫的過程，而是讓另一人肩負起計畫的責任。

在負責房屋維護時：

**主動協助**：伴侶意識到房子需要維修，並針對需要注意的事務發起討論。他們會安排並且監督修繕，處理相關問題，避免問題惡化，確保房子有得到良好的維護。

**被動協助**：只有在修繕問題變得緊急或嚴重時，才會去處理。儘管協助處理是值得稱讚的，但更積極的作法是預先想到維修的需要，並且計畫預防性的措施。

- **端到端全程完成**：公平的參與意謂著承擔整個任務——從計畫和決定再到執行和完成。這個做法會減輕認知負擔，確保更公平的分擔責任。
- **預期與發起**：公平的參與不是等待指示，而是要預先想到需求，並且主動發起行動，包括積極投入一項工作的勞心部分，而非只是參與身體勞動的執行部分。

• **共同做決定**：公平的參與也包括了一同做決定，包括一同討論家庭事務、計畫和每日例行事項，確保以協作的方式來分擔心理負荷。

隨著我進一步探索這概念，我很好奇如果讓我的丈夫負責家中的大小事，我會是什麼樣的反應。當他在廚房裡試著要削蘋果時，難道不是我自己放下正在看的劇，從沙發上跳起來嗎？當我在壓力鍋響了三聲時請他去關掉壓力鍋，難道不是我自己焦慮到需要去監督整個過程嗎，儘管我當下正在進行一個重要的會議？難道不是我自己去把一些小事情也接手過來做嗎，只因爲我想要按照我自己的方式做？我是不是無法請求協助？請他做事情時，是不是我自己有一部分也會感到罪惡感？或者是我有個信念覺得我會做得更好？但是，對我更重要的是哪一件事——用哪一把刀來削蘋果？還是在我辛苦工作後好不容易有個休息時間可以好好看劇？我深深的怨念，難道不是因爲我沒有把自己眞正想要做的事情擺在第一位，而是想把所有事情全都攬在身上，並且全部都做到完美？

有越來越多的女性經常碰到各種網路訊息和社會期待，描述了理想的女人能夠完美地打理好事業、家庭與個人生活。在這種完美形象的期待下，現代女性經常被各種壓力給淹沒，需要在她們扮演的每個角色上都表現出色，不能有任何艱難掙扎的跡象。這樣的期待嚴重地影響了她們的心理負荷，讓她們疲於奔命地完成工作要求、照顧小孩以及維持家務。

儘管這種不公平的心理負荷，無疑是受到社會期待以及傳統性別角色所影響，但很重要的是要承認，女人也在延續甚至放大她們的認知負擔上扮演了推波助瀾的角色。有幾項因素促成了這種狀況，而且通常是源自個人經驗以及社會制約：

- 女性可能發現自己承擔了不公平的心理負荷，是因爲缺少模範來向她們展示共同分擔責任。成長在傳統性別角色被強化的環境中，可能讓人很難想像公平的任務分配方式。
- 部分女性可能在把工作分出去時會感到猶豫，特別是那些在傳統上被認定爲是「女性化」的事務，這是因爲她們在成長過程中並沒有接觸過有效的工作分配情況，這種猶豫可能造成她們不願意把責任分出去。
- 內化的完美主義可能導致在執行事務上有嚴格的固定方式。有些女性難以把工作分出去，是因爲她們有特定的做事方式，而且擔心別人無法達到她們的標準，也因此就增加了她們自己的工作量。
- 根深柢固的性別角色社會期待，可能導致內在的掙扎。部分女性可能緊抓著一種觀念就是，實踐傳統角色才是有價值的，因此在不知不覺中承擔起額外的心理負荷，來符合社會的期望。

• 對於不完美的恐懼，或者有著信念認爲這些事務必須以符合某種標準的方式完成，這些都可能導致女性承擔過多的責任。無法忍受不完美，可能導致不願意把責任分出去，因而造成持續的不公平心理負荷循環。

愛與被愛練習 10

## 你是否在增加自己的心理負荷？

回答下列問題來評估你是不是可能正在增添自己的心理負荷，只因為自己無法放手、有僵固的觀點，而且不信任伴侶的做事方式。

評分系統：

• 很少：一分
• 有時候：兩分
• 多數時候：三分

問題：

一、你是否很難放心讓你的伴侶處理事務，很難完全不去監督他？

• 很少

- 有時候
- 多數時候

二、你是否認為自己做事情的方式是唯一正確的方式?

- 很少
- 有時候
- 多數時候

三、當情況不在你的掌控之中，你是否會感覺焦慮?

- 很少
- 有時候
- 多數時候

四、你是否經常重做伴侶已經完成的事情?

- 很少
- 有時候
- 多數時候

五、你是否因為認為伴侶不會把事情做好，所以把事情拿來自己做？

- 很少
- 有時候
- 多數時候

六、你是否經常提醒伴侶他們該做的事情？

- 很少
- 有時候
- 多數時候

七、如果伴侶該做的事情沒做，你是否會很難放輕鬆？

- 很少
- 有時候
- 多數時候

八、你是否覺得自己需要去監督家裡的每一項事務？

- 很少

• 有時候
• 多數時候

九、你是否覺得伴侶在簡單的事情上也需要你的協助？

• 很少
• 有時候
• 多數時候

十、你是否發現自己會去接手伴侶已經開始做的事情？

• 很少
• 有時候
• 多數時候

十一、你是否經常覺得如果自己不做，那事情就不會做好？

• 很少
• 有時候
• 多數時候

十二、你是否很難把事情分出去給你的伴侶？

- 很少
- 有時候
- 多數時候

解說：

- **十二至十九分**：在下放責任和信任他人能力方面，你做得非常棒，請繼續保持！
- **二十至二十九分**：有時候你會記得要放鬆，但有時候你會不信任，是該經常提醒自己要放輕鬆而且要更信任他人的時候了。
- **三十至三十六分**：你需要更信任他人，並且放掉自己的方式。考慮更常下放責任，並且信任你的伴侶能做好這些事。溝通，放掉「我的方式是唯一能把事情做好的方式」這種想法，是會有幫助的。

不論你的分數是多少，以下是一些你能夠做的事情，協助你更好地管理你在家中、工作上，或其他任何地方的無形負荷：

**心態轉變**：心態轉變是通往改變道路上很重要的事情，因爲心態轉變會從根本上改變我們的看法、反應與行動。透過培養覺察、同理以及對成長的開放態度，我們也是在爲更健康的關係鋪路。擁抱感激、正向以及接納，會促進和諧的環境。心態轉變的改變力量在於，能夠重塑思考模式、導致行爲的正向轉變，以及最終促進內在平靜以及關係的滿足感。

- **轉變一——從控制到協作**：把你的焦點從想要控制事情的每個面向，轉換到促進與伴侶和家人的共同協作。要認知到，共同做決定與合作，能夠帶來更平衡與和諧的環境，讓每個人的貢獻都受到重視。
- **轉變二——以彈性取代僵化**：擁抱彈性，並且對完成任務的不同方式保持開放態度。承認有不只一種正確的方式，會帶來創意與適應的空間。這項轉變會帶來不僵固而且更有適應性的心態，促進更順暢的協作。
- **轉變三——信任伴侶能力**：培養對伴侶能力的信任。辨認並且信任他們有效處理負責事務的能力。這心態轉變不僅能舒緩你的負擔，而且也會爲你的伴侶賦予力量，讓他們有信心與能力去承擔事務。

- **轉變四——透過下放責任來賦權**：不把下放責任視爲軟弱的跡象，而是視爲賦予力量的舉動。要了解到，允許他人承擔責任是朝一同做出貢獻邁出正向的一步。這個轉變會給你和參與的人帶來賦權感，創造更爲包容的氛圍。
- **轉變五——共同做決定**：在你的家庭中邁向共同做決定。重視多元的觀點，並且在做決定過程中納入他人一同參與。這項轉變會促進公平的感受，形成每個人在參與重要決定時都能感覺被聽見和被重視的環境。
- **轉變六——學習與成長**：擁抱成長的心態，並且承認學習分享責任是個人與關係成長的持續旅程。要了解到，每個挑戰都是學習和發展的機會，能促進你自己與你的關係的韌性和適應性。

**肯定**：練習與內化心態轉變的過程，會因爲反覆練習與確認肯定而倍感力量。反覆是透過持續的練習，重塑神經元路徑，將想要的轉變嵌入你的思考模式中。肯定是正向的宣言，做爲催化劑，強化反覆練習的效果。兩者結合會創造強大的綜效，促進心態大幅轉變。

以下是爲什麼重複正向的肯定或正向的陳述會非常強而有力的原因：

- 經常接觸新想法，會重塑你的大腦，讓採行的心態轉變能更深刻地扎根。重複正向陳述會強化這些轉變，逐漸以更具建設性的思考方式取代舊有的思考模式。

- 持續練習會創造正向循環，使得轉變在一段時間後變得更爲自然與自發。宣示正向信念有助於建立強化的陳述，穩固你採行正向心態的決心。
- 重複練習心態轉變能建立信心，讓你有能力以新的觀點面對挑戰。正向的宣言會促進信心、挹注信念，相信自己有能力擁抱並維持想要的心態轉變。
- 持續練習會在你的關係中形成更正向且和諧的環境。正向的宣言會散發正向的能量，影響的不只是你的內在心態，也會改變你在與他人互動中呈現的能量。
- 經常的練習會提升韌性，使得這些轉變成爲你的調適機制不可或缺的一部分。肯定可以做爲一種提醒，即使在面臨挑戰時，也能鼓勵持續採行想要的心態。

以下是可以在這趟旅程上協助你的肯定陳述。你可以自行挑選使用，並且做你想要的調整。我發現，把你最愛的陳述寫在便利貼並且貼在你可以看到的地方，會幫助你對這些概念感到自在，因爲你的潛意識大腦會把這些看到的概念默默記下來。

- 我信任我伴侶的能力，在管理家務責任方面，我們是個很棒的團隊。
- 下放任務讓我能專注在眞正重要的事情上，創造和諧與平衡的家庭環境。

- 彈性是我的強項；我能優雅地適應改變，促進更放鬆與令人愉快的氣氛。
- 我透過允許他人負責事務來賦予他們力量，創造共同做決定和共同做貢獻的空間。
- 我放掉了對完美的需求，了解到在我們共同分擔心理負荷的努力中，每個人的做事方式都是有價值的。
- 每天都是成長的機會，我對於學習新的方式來分攤家務責任保持開放態度。
- 我的價值並非和我能控制多少事務綁定的，而是和定義了我們共同旅程的愛與協作綁定的。

隨著我在自己的旅程中前進，我也發現到自己有多麼控制和多麼缺乏信任。我信任我的伴侶能獨自完成事情，我信任他們的能力，而且我對他們的回饋保持開放心態；這並不會讓我變得無用，這是對我非常有幫助的肯定陳述。

現在我在沙發上放鬆時，聽見我老公在廚房裡煎蛋的聲音，我會放輕鬆，我不會因衝動而行事，想去看他用哪個鍋子和鏟子。他會不會是用鋼鏟在新的不沾鍋上煎蛋？有個小小的聲音在我耳朵裡這麼說。我專注在電視螢幕上，提醒我自己，有必要的話，我總是可以進行這個對話。但不是現在。我現在把自己的事情放在第一位。我深吸了一口氣，聽見廚房裡傳來了東西掉到地上的碰撞聲。

我現在得起來了，是吧？在我慌忙尋找拖鞋的時候，我老公在裡頭喊著：「一切都在我的控制中，只是鹽巴瓶子掉了！」

我坐回沙發上，心裡記上一筆：稍後再來討論這件事。

# 額外資源

## 情緒輪盤（Emotion Wheel）

情緒輪盤是個多功能的工具，能夠強化情緒表達力，也能提升自我覺察。運用情緒輪盤的一個主要益處，就是能夠提升我們對於情緒狀態內細微差異的覺察力。常見的情況是，我們會發現自己在經歷很複雜的情緒組合，無法很簡單地區分情緒種類。而情緒輪盤透過提供廣泛的情緒光譜，讓我們能夠探索這種複雜的情緒，在這情緒光譜中，每種情緒都有其獨特的風味與質地。透過精確點出我們正在感受的特定情緒，我們也能夠獲得清晰感，洞悉自己的內在世界，讓我們能夠帶著更高的意向與真誠來做出回應。

情緒輪盤最早是由葛羅莉亞．威爾考克斯醫師（Dr. Gloria Wilcox）所提出，輪盤將情緒分成七大類，做成圓餅圖的形式：悲傷、快樂、驚訝、糟糕、恐懼、憤怒、厭惡。這工具有助於精確點出你在任何一個當下正在經歷的特定情緒，讓你能夠有效地處理與化解。舉例來說，如果你感受到悲傷，輪盤的外圈能夠協助你辨識確切是哪一種悲傷，例如感覺被忽視了。相反地，運用這輪盤也可能揭示出，覺得自己不夠好實際上是源自於更深沉的遭拒絕感受或恐懼。

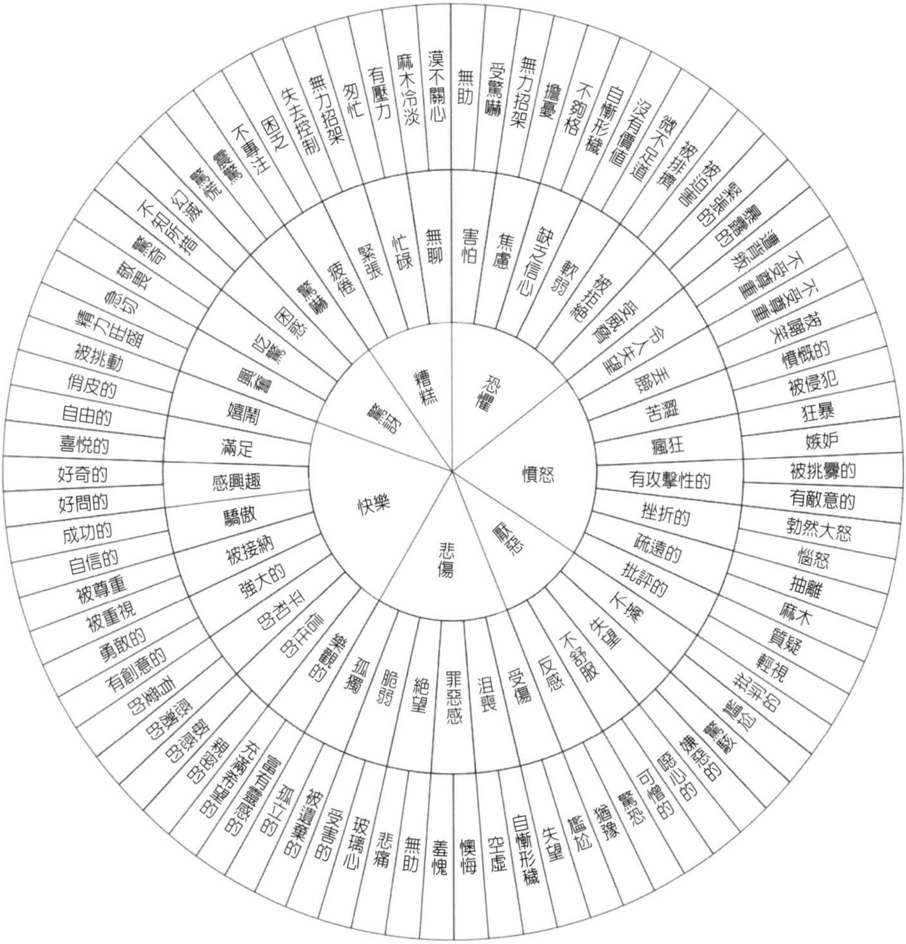
恐懼
憤怒
厭惡
悲傷
快樂
驚訝
糟糕
害怕
焦慮
缺乏信心
軟弱
被拒絕
受威脅
令人失望
丟臉
苦澀
瘋狂
有攻擊性的
挫折的
疏遠的
批評的
不贊同
失望
不舒服
反感
受傷
沮喪
罪惡感
絕望
脆弱
孤獨
樂觀的
信任的
強大的
被接納
驕傲
感興趣
滿足
嬉鬧
困惑
驚嚇
疲倦
緊張
忙碌
無聊
無助
受驚嚇
無力招架
擔憂
不夠格
自慚形穢
沒有價值
微不足道
被排擠
被迫害
緊張的
暴露的
遭背叛
不受尊重
被嘲笑
憤慨的
被侵犯
狂暴
嫉妒
被挑釁的
有敵意的
勃然大怒
惱怒
抽離
麻木
質疑
輕視
驚駭
嫌惡的
噁心的
可憎的
驚恐
猶豫
尷尬
失望
自慚形穢
空虛
懊悔
羞愧
無助
悲痛
玻璃心
受害的
被遺棄的
孤立的
富有靈感的
充滿希望的
親密的
敏感的
感激的
有創意的
勇敢的
被重視
被尊重
自信的
成功的
好問的
好奇的
喜悅的
自由的
俏皮的
被挑動
急切
敬畏
驚奇
不知所措
幻滅
驚慌
震驚
不專注
困乏
失去控制
無力招架
匆忙
有壓力
麻木冷淡
漠不關心

在每一天結束後，花一些時間來反思。運用這輪盤來檢視。你今天經歷了什麼？舉例來說，如果你感覺罪惡感，找到輪盤中間那圈的「罪惡感」。你會看到對應罪惡感的核心情緒是「悲傷」，而外圈更明確的感受則是「懊悔」。

## 釋放焦慮與控制過度思考的技巧

以下是個簡單的練習，能夠眞正協助你清空頭腦，感覺輕鬆一些，特別是當你正處在過度思考的狀態時，你的頭腦奔馳著，可能有難以招架的感覺。

## 大腦斷捨離（The Brain Dump）

大腦斷捨離是很有幫助的工具，能夠處理焦慮，找到途徑獲得清晰與穩定，因爲這技巧會讓你釋放所有那些在頭腦裡打轉的想法與擔憂。以下是進行大腦斷捨離的方式：

一、找到一個安靜且舒服的地方，讓你可以坐下來專注精神。你可能會想要播放一些平靜的音樂，或者點個蠟燭來創造放鬆的氣氛。

二、拿一本筆記或者一張紙，以及一支筆。

三、計時器設定十至十五分鐘，以你當下有的空檔時間而定。

四、開始寫下頭腦中浮現的所有事情，不論那事情有多小、多微不足道。寫下你所有的憂慮、恐懼、疑惑或擔心。不用在意是否寫錯字或語句是否通順——儘可能快速地書寫。你是爲了自己而寫，甚至不一定要能看得懂。

五、訣竅就在於不要試著合理化——純粹就是把大腦中的東西一股腦倒出來。釋放。清空。

六、一旦計時器響了，就停止書寫，然後深呼吸一口氣。你現在應該感覺比一開始時輕鬆一些。你可以選擇把那張紙丟掉或燒掉，做爲釋放的象徵。如果選擇燒掉，請務必注意安全。

有兩個我極力推薦的有效練習，能夠協助你更安定心神，更踏實連結到當下，感覺更有掌控力：

## 五四三二一安定心神練習（5-4-3-2-1 Grounding Exercise）

這練習提供了務實且有效的方式舒緩焦慮並提升專注力。透過運用各種感官，把注意力重新引導到當下，能夠讓人放鬆，降低身體的緊張。定期做這練習，會強化自我覺察以及情緒調節，賦予你力量去更有效地處理壓力，提升平靜感。

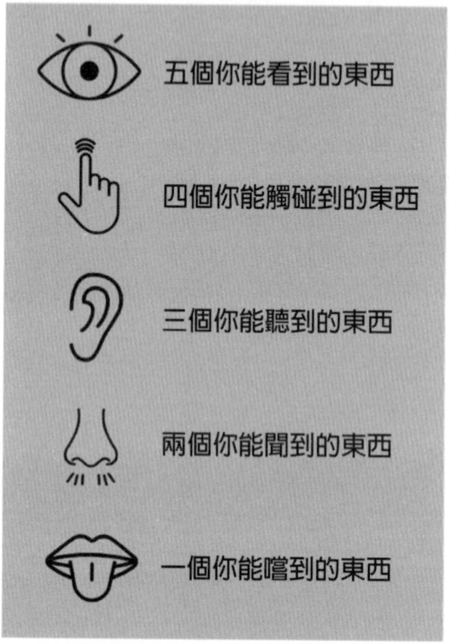
五個你能看到的東西
四個你能觸碰到的東西
三個你能聽到的東西
兩個你能聞到的東西
一個你能嚐到的東西

工具：五四三二一技巧

## 箱式呼吸法（Box Breathing）

箱式呼吸法是個簡單但強大的呼吸技巧，可做爲降低壓力與平衡情緒的工具。透過調節呼吸以及啓動身體的放鬆反應，箱式呼吸法可以提升專注力、集中精神，並且改善認知功能。此外，這呼吸技巧也會增進情緒調節與韌性，讓人更容易探索日常的壓力源，進而維持平衡與平靜。

把兩項技巧融入日常作息中，可以給整體身心健康帶來大幅度的改善。

## 控制圈（Circle of Control）

了解生命中的哪些事物是我們能夠控制與不能控制的，這件事非常重要——不論是在工作上、在家庭中，或是在我們的浪漫關係中。當我們不斷地衝撞，卻又經常擔心那些自己無法改變的事情，浪費了我們許多的淚水以及情緒能量。相反地，我們反而應該聚焦在我們實際能夠改變的事物上。這就是控制圈的作用。下圖可以協助你了解控制圈這項工具。

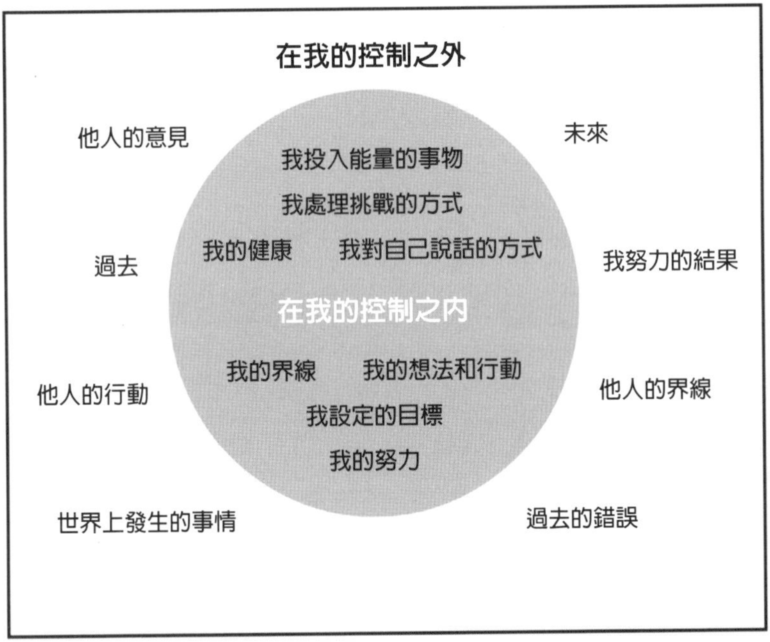


工具：控制圈

製作你自己的控制圈。你在人生中必定曾經感覺被困住了。或許你現在就覺得被困在某個情境裡。試著分辨你能夠做的事情，而且是你能夠立即掌握的事情，同時也要辨識那些你無法控制的事情，那些就算短暫的控制也不可能的事情。當我們辨識出自己在任何困難情境中的控制圈，我們就可以把自己的精力和專注力聚焦在那些我們能夠掌控的領域上，這可以帶給我們更大的賦權感以及韌性。

愛與被愛練習 11

## 製作你自己的控制圈

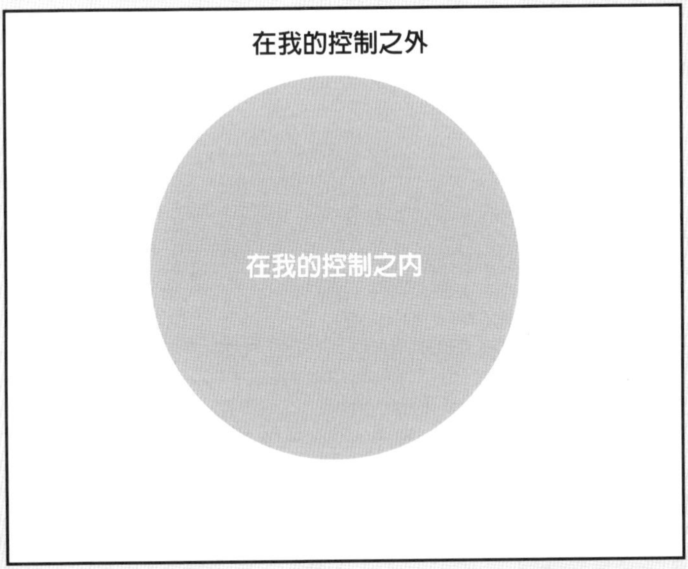

國家圖書館出版品預行編目（CIP）資料

學會有力量的愛，才抓得住幸福：從懂得篩選，到實踐五種愛的語言，建立穩定健康的親密關係／卡斯圖里．馬漢塔（Kasturi Mahanta）著；王冠中譯. -- 初版. -- 新北市：橡實文化：大雁出版基地發行，2025.07
面； 公分
譯自：Red, green, and sometimes beige : the ins and outs of a healthy relationship.
ISBN 978-626-7604-62-5（平裝）

1.CST: 戀愛心理學 2.CST: 人格類型 3.CST: 性別關係

544.37014 114006341

BC1144

# 學會有力量的愛，才抓得住幸福：從懂得篩選，到實踐五種愛的語言，建立穩定健康的親密關係

Red, Green, and Sometimes Beige: The Ins and Outs of a Healthy Relationship

作　　者　卡斯圖里．馬漢塔（Kasturi Mahanta）
譯　　者　王冠中
責任編輯　田哲榮
協力編輯　朗慧
封面設計　斐類設計
內頁構成　歐陽碧智
校　　對　蔡昊恩

發 行 人　蘇拾平
總 編 輯　于芝峰
副總編輯　田哲榮
業務發行　王綬晨、邱紹溢、劉文雅
行銷企劃　陳詩婷
出　　版　橡實文化 ACORN Publishing
地址：231030 新北市新店區北新路三段 207-3 號 5 樓
電話：02-8913-1005　傳真：02-8913-1056
網址：www.acornbooks.com.tw
E-mail 信箱：acorn@andbooks.com.tw
發　　行　大雁出版基地
地址：231030 新北市新店區北新路三段 207-3 號 5 樓
電話：02-8913-1005　傳真：02-8913-1056
讀者服務信箱：andbooks@andbooks.com.tw
劃撥帳號：19983379　戶名：大雁文化事業股份有限公司

印　　刷　中原造像股份有限公司
初版一刷　2025 年 7 月
定　　價　480 元
I S B N　978-626-7604-62-5